대학생활의 첫 걸음

새내기 멘토링

유홍준 | 신진규 | 정순현 | 박은영
최선희 | 김선호 | 김명숙 | 백승수 지음

FRESHMAN MENTORING

도서출판 그린

서문

새내기 여러분! 대학교에 입학한 것을 축하합니다. 그간 여러분들의 노력과 부모님들의 뒷바라지 정성이 보상을 받은 셈입니다.

이 책은 여러분들의 대학생활이 성공적일 수 있도록 멘토링을 제공하기 위한 것입니다. 여러분은 고등교육을 이수하기 위해 대학교에 입학한 만큼, 앞으로 무엇을(what) 어떻게(how) 배워 나가야 할지를 잠시 생각해보면 좋겠습니다.

인간의 문명화된 삶에 '지식'은 필수입니다. 그런데 정보통신기술의 빠른 발전에 따라서 '지식'의 창출, 전수, 활용의 양식이 변모하고 있습니다. '지식'의 의미와 사회적 역할이 달라지고 있다고 보는 것이 옳을 것입니다. 과거에 그 자체로서 지속적 독자성을 갖던 '지식'이 수행하던 역할은 이제 '정보'로

넘겨지고 있습니다. 이젠 '정보'의 산출, 소유, 유통, 소비가 문명적 삶의 기반을 이루게 되었습니다. 우리는 이러한 사회를 '지식기반 정보사회'라고 부릅니다. 지식기반 정보사회에서의 변화는 지식의 창출과 전수를 담당하는 대학의 연구와 교육에서도 변화를 요구하기 마련입니다. 구체적으로 생각해 봅시다.

첫째, 산출되는 정보의 양이 천문학적으로 급증합니다. 생산되는 정보의 양이 엄청나기 때문에 도저히 이를 모두 학생들에게 가르칠 수 없습니다. 새로운 정보에 대한 요구에 대학교육이 충실히 부응하기 어렵다는 말입니다.

둘째, 그러한 정보의 유통에 시간·공간적 장애가 거의 없어졌습니다. 정보에 대한 접근이 누구에게나 용이하므로, 교수가 배타적으로 정보를 보유하기 어렵고 또 정보를 학생에게 전달하는 것만으로 교육이 이루어지기 어렵게 되었습니다.

셋째, 급변하는 흐름 속에서 정보의 효용기간이 짧아져 학생에게 전달되는 정보가 자칫 이미 낡아서 쓸모없는 것이 되곤 합니다.

한편으로는 첨단의 지식이 요구되고 있는데, 대학에서 지식교육의 여건은 이렇듯 격변하고 있으니, 대학의 교육은 큰 도전에 직면한 셈입니다. 여기서 우리가 택해야 할 길은 발상의 전환입니다. 교수와 학생이 단순히 지식을 전수하고 습득하는 것이 아니라, 학생들이 지식을 스스로 창출하고, 응용할 수 있는 기초능력을 기르는 일에 대학교육은 주력해야 합니다.

새로운 정보를 산출할 수 있는 창의적 사고의 능력, 엄청난 양의 정보 가운데서 적실성 있는 유용한 정보를 선별할 수 있는 비판적 사고의 능력, 자신의 생각을 공동체 구성원과 공유할 수 있는 의사소통 능력과 리더십, 부분과 전체의 관계를 가늠 할 수 있는 종합적 사유의 능력을 배양해야 합니다.

이런 점에서 학생들의 대학 학업뿐만 아니라 좋은 대인관계, 개인의 잠재력과 자아실현을 모색할 수 있도록 돕는 이 책이 여러분들의 대학생활 삶의 질을 높이는데 기여하기를 바랍니다.

2015년 8월

저자 일동

차례

제2장 대학생활 시작 / 55

제5장 스마트한 학업관리: 과제와 시험 / 179

제 1 장

합격 후 개강준비

1) 대학합격 후부터 신입생 오리엔테이션 이전까지
- 대학합격 후, 여유시간 활용법
- 대학생이 되기 전 하고 싶은 일들
- 대학커뮤니티의 시작, 1월과 2월

2) 신입생 오리엔테이션
- 오리엔테이션 참석하기
- 오리엔테이션 예절

3) 수강신청
- 수강신청 일정 및 방법
- 수강신청과 학점관리
- 주삼파, 주사파
- 수강신청 확인/변경기간 이용하기

4) 대학생활 준비하기
- 자취방 구하기
- 기숙사 알아보기
- 등록금 납부 시기 및 방법
- 신입생 드레스코드

대학합격 후부터 신입생 오리엔테이션 이전까지

대학합격 후, 여유시간 활용법

수능이라는 큰 산을 넘은 예비 새내기들에게는 수능 이후부터 대학에 입학하기까지 2~3개월 남짓한 자유 시간이 있다. 이 시기는 어쩌면 인생에서 가장 여유 있고 그 무엇에도 얽매이지 않은 자유로운 시간일 것이다. 이 자유의 시간을 지루하게 보내기 보다는 자신을 올바로 인식하고, 미래비전을 설계하고 계획하며 보내야 한다. 지금까지 한 번도 진지하게 질문하지 못했던 문제들, 즉 앞으로의 삶에서 내가 잘 할 수 있는 것은 무엇인지, 할 수 없는 것은 무엇인지, 그리고 원하는 것은 무엇인지 탐구하고 발견해서 그걸 목표로 준비하고 노력해야 할 것이다.

대학생이 되기 전 하고 싶은 일들

그동안 쌓인 공부 스트레스를 해소한다고 지나치게 노는 일에만 몰두하거나 허투루 시간을 보내기 보다는 구체적인 계획을 세우는 것이 좋다. 해보고 싶었지만 수능이후로 미루어 두었던 일들을 리스트로 정리하여 하나씩 실행하는 계획을 세워보자. 3월에 본격적인 대학생활이 시작되면 의외로 스케줄이 빠듯하여 하고 싶었던 일들을 다시 뒤로 미루어야 할지도 모른다.

• 아르바이트 하기

수능시험을 치른 후 여유시간 동안 많은 예비 새내기들이 아르바이트를 시작한다. 등록금이나 용돈을 직접 마련하기 위해, 갖고 싶었던 물건을 사고, 하고 싶었던 일을 하기 위해, 사회생활을 경험하기 위해 등 저마다 다양한 목적을 갖고 아르바이트 세계에 뛰어든다. 아르바이트의 목적은 다음과 같다.

사회 경험. 이제 막 고등학교 과정을 마친 학생들에게 아르바이트는 조금이나마 사회생활을 경험할 수 있는 좋은 기회가 된다. 요즘 대학생들에게 아르바이트는 대학생활 중 반드시 경험해야 하는 하나의 필수 코스로 간주된다. 아르바이트 경험이 자신의 적성을 발견하거나 직무이해에 도움을 주고 졸업 후 취업에 유리하게 작용할 수 있다고 생각하기 때문이다. 모든 아르바이트가 적성과 직무이해에 도움을 주는 것은 아니므로 미래에 자신이 원하는 직업과 직종을 탐색하고 이와 관련된 아르바이트를 찾는 노력이 필요하다. 입학 전에 자신을 이해하는데 도움이 되는 아르바이트를 할 수 있다면 조금 더 성장한 나를 만날 수 있을 것이다.

경제관념 형성. 아르바이트의 또 다른 장점은 바로 경제관념 형성에 도움이 된다는 것이다. 아르바이트를 통해 돈의 가치나 내가 쓰고 있는 돈이 얼마나 힘들게 번 것인지 체험하게 된다. 이 과정에서 절약하는 습관을 익히고 실물경제를 이해함으로써 경제관념이 형성되는 계기를 갖게 될 것이다.

학비, 용돈 마련. 평범한 고등학생이었다면 지금까지는 부모님께 용돈을 받아 생활하였을 것이다. 이제 아르바이트로 번 돈으로 등록금에 보태거나, 스스로 용돈을 마련하기도 하고, 부족한 여행 경비를 충당하는 등의 경험을 하게 된다. 이러한 일련의 경험들은 향후 경제적 독립심이나 책임감 형성에 긍정적인 영향을 미치게 될 것이다.

간혹 입학 전까지 남는 시간을 활용하기 위해 아르바이트를 시작했다가 개강 후 학기가 시작되고 나서도 아르바이트를 그만두지 못하는 사례가 있다. 스스로 돈을 벌고 사회생활을 간접적으로 해볼 수 있다는 장점을 내세워 학업을 소홀히 하면서 까지 아르바이트에 매진하는 경우가 있는데, 이는 바람직하지 않다. 특히 적은 시급으로 원하는 만큼의 돈을 마련하기 위해서는 많은 시간을 투자해야하기 때문에 본말이 전도되는 상황이 올 수 있다. 그 시간에 차라리 학업과 자기계발에 힘써 자신의 미래가치를 높이는 것이 더 현명한 선택이 될 것이다.

• 여행하기

여행은 언제라도 갈 수 있지만, 수능이 끝나고 대학생이 되기 직전에 떠나는 여행은 두 번 다시 할 수 없다. 긴 수험 기간으로 지친 심신을 달래고, 대학생이 되면 만나게 될 많은 변화들에 대해 생각하며, 인생의 새로운 단계가 시작되는 순간의 기대감과 두려움이 함께하는 여행은 매우 특별할 것이다.

청춘들의 여행법, 내일로. '내일로'는 만 25세 이하의 청년 및 청소년들이 국내지역을 기차로 여행할 수 있는 패스 상품이다. 해외여행을 떠나는 사람들이 주로 구매하는 철도패스, 대표적으로 일본의 JR 패스나 유럽의 유레일패스와 같이 '내일로' 티켓은 KTX를 제외한 우리나라의 모든 열차를 무제한으로 이용할 수 있는 자유이용권이다.

'내일로' 티켓은 6만 원 대로 5일 권, 7일 권 두 가지가 있다. 티켓 유효기간 동안 열차의 입석, 자유석을 무제한으로, 일반실을 좌석 지정하여 50% 할인된 요금으로 이용할 수 있다. '내일로' 티켓은 숙박, 체험시설, 교통비할인 등 다양한 연계할인의 적용도 받을 수 있어 저렴한 비용으로 국내여행을 즐길 수 있다. 기차역만 있으면 내일로 티켓으로 못 가는 곳이 없는 만큼 가보고 싶었던 국내 여행지가 있다면, 입학 전 12월~2월 '동계 내일로 시즌'을 잘 활용해보자.

• 책읽기

대부분의 예비 새내기들은 지난 12년간 초, 중, 고등학교를 다니면서 내신 성적관리와 수능만을 바라보며 달려왔을 것이다. 최근 몇 년간 읽은 책이라고는 문제집과 교과서 밖에 없다면 대학에 입학하기 전까지 남은 기간 동안 책읽기에 도전해보자. 대학생활이 시작되어 학교 수업을 듣고, 교내외 활동도 하다보면 의외로 시간 내어 책을 접할 시간이 부족할 것이다. 어떤 책부터 시작할지 고민이라면 오랜 역사 속에 전해져 내려온 고전부터 펼쳐보자.

넓고 깊은 세계, 고전 읽기. 시간과 장소를 초월하여 많은 사람들에게 꾸준히 읽히고 사랑받는 책을 흔히 고전이라 한다. 고전은 인류의 통찰과 혜안이 집대성된 기록의 역사라고 할 수 있다. 여러 장르의 고전이 있겠지만, 특히 최근 몇 년간 우리사회에 인문고전 읽기의 중요성이 매우 강조되고 있다. 이런 분위기에 맞춰 대입시험 이후 학업공백이 생기는 예비 대학생들을 대상으로 하는 다양한 인문학 고전 강좌들이 개설되기도 한다. 강연을 통해서 고전을 접하는 것도 좋지만, 시간을 내어 직접 책을 읽고, 사색하고, 인상 깊은 내용을 기록하다보면 오래된 것을 돌아보고 새로운 것을 상상하는 밑거름이 쌓일 것이다.

많은 대학들이 추천도서를 엄선하여 학생들에게 목록을 제공하고 있다. 각 대학의 도서관 사이트에 접속하면 고전 100선 또는 추천도서 100권 등의 '추천도서' 목록을 검색할 수 있다. 목록에 있는 한 권의 책이 그동안 메말라버린 감성을 깨우고 정신에 생기를 불어넣어줄 것이다.

독서노트. 책을 다 읽고 난 후에는 나만의 독서노트를 만들어 간단한 서평이나 소감문을 작성해보자. 노트에 세로로 선을 긋고 왼쪽에는 책의 내용을 적고 오른쪽에는 자신의 느낌이나 소견을 적다보면 문장력도 키우고 책과 긴밀한 일체감을 경험할 수 있다. 특히, 마음에 드는 구절들을 노트에 필사하면 집중력도 향상되고 문장을 섬세하게 이해하는데 도움이 된다. 더불어 책의 여운을 오래 간직할 수 있다. 필사하는 과정에서 지금까지의 나 자신을 차분히 되돌아보고 새 출발에 몰두하게 될 것이다.

대학커뮤니티의 시작, 1월과 2월

대학의 공식적인 학사일정은 3월 첫 주부터 시작된다. 하지만 실질적인 대학생활의 시작은 3월부터가 아니다. 1, 2월부터 이미 예비대학, 수시, 정시 신입생 오리엔테이션, 새내기 배움터 등을 통해서 교수, 선배, 동기간 다양한 만남과 소통이 시작된다.

• 예비대학, 수시 오리엔테이션

수시 모집에 합격한 수험생들은 다른 학생들보다 먼저 대학생활을 경험할 수 있다. 각 대학은 입시결과가 나오고 입학 전까지 예비 새내기들을 위해 다양한 예비대학 프로그램을 운영하고 있다. 대학의 정규강좌도 미리 들어볼 수 있으며, 신입생을 위한 특강도 들으면서 고등학생에서 대학생으로 탈바꿈하여 지적, 사회적, 인격적으로 성숙해질 준비를 시작하게 된다. 대학에 따라, 수시 합격생들을 위한 수시 오리엔테이션을 별도 운영하여 예비대학 프로그램을 상세하게 안내하기도 한다. 수시 오리엔테이션에서 만난 동기, 선배는 입학 전까지 상대적으로 긴 기간 동안 사귐의 시간을 가질 수 있으므로 입학 후 대학생활 적응에 필요한 인적네트워크의 튼튼한 뿌리가 되기도 한다.

• 예비대학에는 어떤 프로그램이 있을까

예비대학 프로그램은 대학마다 고유의 학풍과 인재상에 따라 조금씩 차이가 있다. 기본 목표는 학업, 진로, 인적 네트워크 등 새로운 대학환경에 대한 신입생들의 적응력을 향상시키는 것이다. 신입생들이 대학에 조기 정착하도록 도와줌으로써 스스로 선택하고 결정하는 주체적인 대학생활의 토대를 마련해주고자 하는 것이다.

예비대학은 한 단계 높아지는 대학의 학업수준에 적응하고, 4년간의 대학생활을 계획하며, 더 나아가 인생의 비전을 설계하는 하나의 계기가 될 수 있다. 대학이라는 새로운 변화와 도전 앞에서 그에 걸맞은 새로운 전략과 자세를 갖출 필요가 있는 것이다.

서울의 모 사립대학의 2015학년도 예비대학 프로그램을 살펴보면, 크게 네 가지 프로그램, 즉 학업역량강화, 대학생활적응, 비전설계, 체험프로그램이 있다. 우선, '학업역량강화' 프로그램은 정규교과과정에 있는 강좌를 개설하여 입학 전 대학의 정규강좌를 경험하고 학점취득의 기회를 제공한다. 외국어로 진행되는 정규교과목을 선행 학습하여 외국어 강의의 어려움에 대비하도록 국제어 강의 특강도 준비되어 있다. '대학생활적응' 특강은 예비 신입생들이 대학생활을 설계하고 전략을 세우기 위해 필요한 학습법, 시간관리, 스트레스관리 등을 주제로 다양한 팁과 조언을 들려준다. '비전설계' 프로그램은 학교의 비전을 공유하고, 올바른 자기인식과 세상에 대한 이해를 바탕으로 장단기 미래 비전을 설계하도록 도와주는 프로그램이다. 마지막으로 인성 캠프, 리더십 캠프, 캠퍼스투어 등 공동체 정신을 함양하고 자신의 가능성을 발견할 수 있는 '체험' 프로그램도 있다.

02 신입생 오리엔테이션

2월 중순이 되면 어김없이 모든 대학이 신입생을 위한 오리엔테이션 행사를 시작한다. 오리엔테이션은 '신입생 환영회'라고도 하며 순 우리말로는 '새터'(새내기배움터)라고 한다. 오리엔테이션의 사전적 의미는 "새로 입학한 학생이나 신입사원, 새로운 일을 하는 사람 등에 대한 사전교육이나 적응지도, 진로나 방향을 정하는 일 또는 그것이 정해지도록 지도하는 일"[1]로 정의된다.

신입생 오리엔테이션은 입학식 전에 거행되는 가장 중요한 행사이다. 학교의 역사와 비전, 학사제도 및 대학생활 안내를 주요 내용으로 한다. 뿐만 아니라 대학에서 만나게 될 사람들과의 친목을 도모하고 앞으로의 캠퍼스 생활과 학과 활동 전반에 걸친 다양한 정보를 접할 수 있다.

대학이 오리엔테이션을 하는 중요한 목적 중 하나는 학교의 역사와 건학이념, 교시를 소개함으로써 신입생들에게 학교에 대한 자긍심과 애교심을 심어주는 것이다. 아울러 학업과

1) Daum, Naver 한국어 사전

대학생활에 필요한 대학 문화의 양식이나 관행, 그리고 대학의 교육 이념과 목표 및 인재상 등의 가치를 신입생들에게 이해시키는 것이다. 대학은 신입생들이 고등학교에서 대학교로 진학할 때 만나게 되는 수많은 변화들을 능동적으로 받아들이고 성공적으로 대학생활을 시작하기를 바라는 마음으로 오리엔테이션을 기획하고 운영한다.

오리엔테이션 참석하기

신입생 오리엔테이션은 대학에 따라 차이는 있으나 보통 1박 2일 일정으로 리조트나 수련원 또는 자체 캠퍼스 기숙사에서 진행된다. 대학에 이미 합격한 상태이므로 자유를 만끽하고 싶은 마음에 오리엔테이션 참석 여부를 고민하는 예비 신입생이 있을 것이다. 하지만 오리엔테이션에는 최대한 참석하는 것이 좋다. 오리엔테이션에서, 앞으로 함께 공부하고 생활하게 될 동기, 선배, 교수님 얼굴을 미리 익힌다면 대학 4년 인간관계의 기초를 다질 수 있다. 더불어, 오리엔테이션을 통해 대학생활의 목표를 설정한다면 순조로운 대학생활 적응을 기대할 수 있을 것이다.

• 사람들을 만날 수 있는 좋은 기회다

대학에서 좋은 인적 네트워크를 갖는 것은 중요하다. 다수가 한 번에 모이는 오리엔테이션에 참석하면 동기들과 선배들까지

한꺼번에 친해질 수 있는 계기가 된다. 더 나아가 대학의 다양한 사람들과의 만남을 통해 앞으로의 대학생활 적응에 많은 도움을 받을 수 있다. 학기 중에 친구들과 함께 수업을 듣고 밥을 먹으면서 친해지기도 하지만, 오리엔테이션에서 미리 친해진다면 더 많은 친구들과 더 깊은 우정을 나눌 수 있을 것이다.

• 수강신청 등 학사안내를 받을 수 있다

오리엔테이션에 참석하면 대학의 학사일정과 학사제도 등을 안내받을 수 있다. 중·고등학교는 담임선생님이 아침, 저녁 조회시간에 학기 중 주요 일정을 일일이 체크해주지만, 대학은 스스로 이 모든 것을 챙겨야 한다. 개강, 종강, 수강신청, 중간/기말고사 기간 등과 같은 주요 학사일정을 비롯하여 학업, 재정지원, 학교생활, 학적 등 대학의 학사제도에 대한 기본적인 개념을 파악하고 대학생활을 시작하는 것은 매우 중요하다.

오리엔테이션은 보통 학교 수강신청 기간 이전에 진행된다. 고등학교와는 달리 대학의 수강신청 시스템은 듣고 싶은 과목을 스스로 선택하고 필수로 지정되어 있는 교과목은 반드시 들어야 한다. 오리엔테이션에 참석하여 어떤 과목을 선택할 수 있고, 무슨 과목을 수강해야 하는지 알고 있어야 실수없이 수강신청을 할 수 있다. 오리엔테이션 프로그램에는 학교차원에서 공식적으로 진행하는 수강신청 안내 섹션이 있다. 아울러 선배들로부터 수강신청에 실질적으로 도움이 되는 소소한 정보들도 들을 수 있다.

오리엔테이션 예절

• 예의바르고 진지한 태도를 갖는다

최근 각 대학은 교양과정에 '인성과 리더십' 강좌를 정규 커리큘럼으로 개설하여 인성교육을 강화하고 있다. 이는 단순한 실력보다는 사람이라면 응당 갖추어야 하는 인간의 기본 품성을 중요시 하는 사회의 요구에 맞춘 변화라고 하겠다. 대학이 학생들의 올바른 인성함양을 위한 교육을 강화하고 있는 만큼 예비 대학생들도 오리엔테이션 자리에서부터 동기, 선배, 교수님들을 예의 바르고 정중한 태도로 대해야 한다. 자칫 자유로운 분위기에 휩쓸려 동기나 선배에게 무례하게 행동한다면 대학생활 내내 함께 할 사람들에게 좋지 않은 첫인상을 심어줄 수 있다. 나에게 잘 해주고 친절한 동기, 선배일수록 더욱 예의를 갖춰 대해야 한다.

• 적극적으로 먼저 다가간다

아침부터 저녁까지 하루 종일 같은 교실에서 함께 지내는 고등학교 때는 특별히 노력하지 않아도 시간이 지나면 친한 친구들이 자연스럽게 만들어질 수 있다. 하지만 대학은 이와 다르다. 대학은 학생마다 시간표가 달라 수업시간만으로 친구를 사귀기는 어렵다. 대학에서는 친구 하나 사귀는 것도 내가 먼저 적극적으로 다가가는 능동적인 자세를 필요로 한다. 오리엔테이션에서도 마찬가지다. 새로운 환경에서 새로운 사람을 만난다는 것이 누군가에게는 무척 생소하고 당황스러울 수 있다. 신입생들은 대학생활에 적응하지 못하고 친구를 사귀지 못할까 하는 두려운 감정을 갖게 될 수도 있다. 그런 생각이 들수록 누구에게나 먼저 다가가고, 주어진 상황에서 열심히 하는 모습을 보인다면 친해지고 싶은 동기, 사랑받는 후배가 될 것이다.

• 술자리에서는 분위기에 맞춰 어울린다

최근 대학의 오리엔테이션 문화는 음주를 지양하거나 술을 마신다고 해도 건전한 음주문화가 정착되어 가고 있다. 체질적으로 술을 마시지 못하거나, 또 다른 이유로 술을 먹어서는 안 되는 상황이 아니라면 술자리에서는 분위기에 맞춰 적당히 함께 어울리는 것이 좋다. 과하지 않은 술자리는 대학생활에 필요한 대인관계에 쉽게 어울리도록 친화력을 높여준다. 일부 선배들 중에는 술 게임 등을 한다며 후배에게 억지로 술을 권하는 경우가 있을 것이다. 이럴 때는 무조건 거절하거나 마음대로 술을 조절하기가 쉽지 않겠지만 본인이 마실 수 있을 만큼만 마시도록 하여 실수하지 않도록 주의해야 한다. 술자리 매너에 대한 자세한 내용은 〈2장. 대학생활시작〉 편을 참조하자.

03 수강신청

학기가 시작되기 전에 해야 할 가장 중요한 일이 바로 수업 시간표 짜기, 즉 수강신청이다. 수강신청은 대학에서 매 학기 자신이 수강할 과목을 선택하여 신청하는 것을 뜻한다. 대학은 중·고등학교 때처럼 시간표가 미리 짜여서 나오지 않고 원하는 과목들을 골라 스스로 시간표를 짜야 한다.

대학에서 수강신청은 등록의 필수사항으로, 학교에서 지정한 기간 내에 반드시 신청해야 한다. 성적은 수강 신청한 과목에 대해서만 받을 수 있으며 수강신청을 하지 않고 수업에 참여한 학생은 어떠한 경우에도 학점을 받을 수 없다. 모든 강의는 수강 정원이 있으며, 전공에 따라서 수강이 제한되는 강의도 있으므로 수강신청시 참고하자.

수강신청 일정 및 방법

특정 대학교의 수강신청이 시작되는 날에는 포털 사이트의 실시간 검색어에 해당 학교의 이름이 올라와 있는 것을 종종 볼 수 있다. 수강신청 기간 중에는 수많은 학생들이 동시에 접속하기 때문에, 접속량 폭주로 학교의 서버가 불안정해지기도 한다. 많은 대학들은 서버에 과중하게 걸리는 과부하를 방지하기 위하여 수강신청 사이트를 별도로 운영함으로써 학생들의 원활한 수강신청을 돕고 있다.

수강신청 일정은 학교에서 공식적으로 기간을 지정하여 학기가 시작되기 전에 공지한다. 전체 학년이 동시에 수강 신청하는 학교도 있지만 보통은 학년별, 단과대학별 또는 강좌유형별(온라인, 오프라인 강좌)로 수강신청 세부 일정이 따로 정해져 있다. 특히, 교양과목은 학년별 수강정원이 적절히 배분되어 있으므로 수강신청에 익숙하지 않은 신입생이라도 불이익을 받는 일은 거의 없다.

수강신청 방법은 학교마다 조금씩 차이가 있지만 기본적으로 인터넷을 통해 진행되며 크게 두 가지 방법이 있다. 하나는 영역별로 분류된 개별 교과목을 찾아서 곧바로 신청하는 방법이고, 다른 하나는 미리 수강신청 할 과목들을 골라 저장해두었다가 수강신청 기간에 클릭해서 신청을 확정짓는 방법이다.

수강신청과 학점관리

대다수의 학생들은 성적을 잘 받고 싶어 한다. 하지만 모든 학생이 성적을 잘 받을 수 있는 것은 아니다. 교과부에서 제시한 상대평가 가이드라인에 따라 대부분의 대학은 성적 평가기준으로 '상대평가'를 채택하고 있다. 상대평가를 적용하면 전체 수강생의 최대 30% 정도만이 A 학점을 받을 수 있다. 조금 과장하면 대학에서 학점받기는 전쟁이라고 해도 과언이 아니다.

좋은 성적을 받기 위해서는 성실히 수업에 임하고, 공부에 많은 시간을 투자해야 한다. 이는 성적관리의 기본이다. 하지만 같은 시간을 공부하고도 더 좋은 성적을 받는 학생이 있다면 그 학생에게는 노력 외에도 다른 노하우가 있을 것이다. 그 노하우 중 하나가 바로 수강신청이다. 대학에서 성적관리에 성공한 학생들이 공부 노하우를 이야기할 때 종종 "이번 학기에는 수강신청에 운이 따랐다"고 말한다. 이 말은 성공적으로 학업을 성취한 학생의 겸손함으로 해석할 수도 있지만 다른 한편으로 대학에서 수강신청이 학점관리의 출발점이라는 의미를 내포하기도 한다. 아래는 수강신청을 소홀히 하여 원하지 않은 과목을 들어야 하는 상황에서 학업에 흥미를 잃고 성적관리에 실패한 학생의 사례이다.

대체적으로 1학기 성적이 좋지 않습니다. 성적이 좋지 않은 주된 원인은 수강신청 실패라고 생각합니다. 사는 곳이 지방이었고 신입생 오리엔테이션에도 참석하지 않아서 수강신청을 대충 여기저기 물어서 했습니다. 수강신청 시기를 놓쳐서 그랬는지 제가 원하는 과목은 하나도 신청하지 못했습니다. 1학년 필수영역 교과목이라고 해서 마지못해 남아있는 자리에 무조건 신청을 했습니다. 그 이후부터 수업에 참여하는 것도, 과제, 시험 준비를 하는 것도 대충한 것 같습니다.

그럼, 이제부터 성공적인 학업을 위한 수강신청 노하우를 하나씩 알아보자.

• 수강신청은 속도전이다

수강신청 시간이 오전 10시부터 밤 11시까지라고 해서 여유를 부려서는 안 된다. 적어도 30분 전에는 컴퓨터 앞에 자리를 잡고 수강신청을 준비해야 한다. 미리 아이디와 패스워드를 입력한 후, 수강신청 시스템이 오픈되면 로그인 하는 것이 좋다. 자신이 신청하고 싶은 과목이 인기강좌이거나 모든 신입생이 수강해야 하는 필수과목이라면 학교 전산망의 수강신청이 오픈되고 몇 분 내에 수강인원이 마감될 수 있다. 수강신청 첫날 시작 시간부터 필사적으로 클릭할 준비를 하지 않는다면, 원하는 과목을 신청하기는 어렵다고 생각해야 한다.

상황이 이렇다 보니 빠른 신청을 위해 매크로를 사용하거나 다중 접속을 통해 다른 사람의 도움을 받는 등 다양한 '불법적인' 방법이 동원되기도 한다. 매크로를 사용하면 서버에 과부하가 걸려 선량한 일반 학생들이 피해를 입을 수 있다. 따라서 이를 금지하는 학교가 많으며 적발 시에는 해당 학생의 수강신청 내역을 모두 취소시키는 등 강력한 처벌로 대응하기도 한다. 다만, 집에서 사용하는 컴퓨터 사양이 조금 떨어지거나 인터넷 속도가 느리다면 접속속도를 최대화하기 위해 가까운 PC방이나 학교 PC실을 찾는 것이 좋다.

• 강의계획서를 참조하라

성공적인 수강신청을 위해서는 수강과목 선택에 신중해야 한다. 올바른 수강과목 선택의 첫 번째 단계는 강의계획서를 꼼꼼하게 살펴보는 것이다. 대학에서는 교수들이 수업에 관한 정보를 강의계획서에 담아 학생들에게 제공한다. 강의계획서는 교수가 한 학기 동안 학생들이 무엇을 이해하고 배우기를 원하는지 수업목표를 소개하고 수업진행 방식, 수업내용, 평가배점, 교재, 참고서적, 시험일정까지 수업에 관한 중요한 정보들을 안내한다. 강의계획서는 학교 홈페이지 수강관련 메뉴에서 수강신청 정보와 함께 검색할 수 있다.

• 필수과목은 반드시 수강 신청해야 한다

효과적인 학업계획과 학점관리를 위해서는 필수로 들어야 하는 과목과 듣고 싶은 과목을 학점이수요건을 기준으로 균등하게 수강신청 하는 것이 좋다. 필수로 들어야 하는 과목은 오리엔테이션에서 충분히 설명을 들었을 것이다. 만약 오리엔테이션에 참석하지 않았다면 학교 홈페이지나 신입생용 대학생활 안내책자를 참고하자. 이해되지 않는 점은 선배에게 물어서 해결할 수도 있지만 학교 커리큘럼은 매년 바뀔 수 있으므로 대학의 수강지도 담당자에게 전화 또는 방문하여 문의하는 것이 더 정확하다.

신입생이 필수로 들어야 하는 과목은, 대학에 따라서 신입생들의 혼란을 막기 위해 선택 없이 수강확인 버튼만 누르면 수강신청이 가능하도록 하고 있다. 그렇지 않은 경우 특히, 학과제가 아닌 계열제로 입학하는 예비 신입생은 전공 선택에 필수적인 학점이수요건을 준수하는데 수강신청의 초점을 맞춰야 한다. 이수요건을 충족하지 못하였을 경우, 전공선택시 불이익을 받을 수 있다. 취업에 유리하다고 알려진 소위 인기학과는 많은 학생들이 몰리고 그만큼 학점관리가 중요한데, 일차적으로 학과진입 필수이수요건이 충족되지 않으면 원하는 전공을 선택할 기회를 원천적으로 상실하게 되므로 주의해야 한다.

• 시간표를 미리 짜보는 것이 좋다

필수로 수강해야 하는 과목들을 파악했다면, 강의날짜와 시간을 확인하면서 시간표를 짜보는 연습을 해보자. 이때 혹시라도 수강신청에 실패할 때를 대비해서 시간표를 여러 개 짜두면 다른 버전으로 신속하게 신청하는데 도움이 된다. 대학에 따라 인터넷 쇼핑몰의 장바구니와 비슷한 기능을 하는 '희망과목' 시스템을 운영하고 있다. 이 시스템을 이용하여 관심 있는 강좌들을 담아두면 해당 강좌들의 수업 요일, 시간 등을 한눈에 확인할 수 있다.

• 편식하지 말고 골고루 수강신청 하자

간혹 자신에게 익숙하고 잘하는 과목 위주로만 수강신청하려는 학생들이 있다. 아래 사례처럼, 외국어 능력이 이미 상급자 수준인 학생이 초급자용 과목을 수강 신청하는 경우이다. 이 학생은 성적 취득에는 성공할지 모르지만 새로운 것을 배우고 익히는 데는 실패하게 된다. 힘들게 대학에 입학한 이상, 새로운 학문을 접하고 보다 넓은 세상을 경험할 수 있는 기회를 놓쳐서는 안 된다.

> 저는 외국어 고등학교에서 프랑스어를 전공했습니다. 제가 잘 알고 있는 외국어를 부담 없이 수강하고 성적관리도 할 겸해서 이번 1학기에 〈기초프랑스어1〉을 수강하고 있습니다. 그런데 이미 다 아는 내용을 다시 배우다보니 지루해서 수업에 집중할 수가 없습니다. 지난주에는 수업태도 때문에 교수님께 지적까지 받았습니다. 돌아보니 너무 안일하게 수강과목을 선택했다는 후회가 듭니다.

주삼파, 주사파

많은 학생들이 월요일이나 금요일을 수업이 없는 공강으로 만들기를 원한다. 일주일에 수업을 며칠 듣는 지에 따라 주 3일 강의를 듣는 학생은 주삼파, 4일은 주사파라고 일컫는다. 일주일에 3일만 강의를 듣는다면 4일은 자유시간이므로 얼핏 여유로운 대학생활을 보낼 수 있다고 착각할 수 있다. 하지만 대학은 한 학기에 수강해야 하는 학점이 정해져 있으므로 강의를 듣는 날이 적으면 그 만큼 하루에 듣는 강의 시간이 많은 것이다. 주삼파, 주사파는 시험기간은 물론이고 과제나 발표준비로 자주 밤을 새야 할지도 모른다.

• 시간표는 생활패턴을 고려하여 구성한다

아침형 인간/저녁형 인간. 시간표는 자신의 생활패턴을 고려하여 짜는 것이 바람직하다. 장거리 통학을 하거나 아침잠이 많은 학생은 되도록 오후 시간대에 수업을 넣는 것이 좋다. 반대로 오전에 대부분의 수업을 듣고 오후에는 자기 시간을 갖고 예습 및 복습, 아르바이트, 여가 생활 등으로 활용하는 방법도 있다.

통학/자취/기숙사. 장거리 통학 신입생이라면 하루 정도는 공강을 만들어 보자. 다만 공강을 만들기 위해 무리하게 시간표를 짜지는 말아야 한다. 하루에 세 과목 이상 시간표를 짜면 강의를 듣고 예습, 복습할 시간이 절대적으로 부족할 것이다. 특히 자취나 기숙사에 거주하는 학생이라면, 매일 강의를 듣고 규칙적으로 학교에 올 수 있도록 시간표를 짜면 시간관리 및 학업관리에 도움이 될 것이다.

• 그 외, 시간표를 짤 때 고려할 것들

수업이 연달아 있는 경우에는 강의실 간의 거리도 고려해야 한다. 특히 학교가 넓다면 보통 쉬는 시간은 10분이므로 이동 시간을 반드시 염두에 두어야 한다. 그렇지 않으면 강의시간에 맞추기 어려워 매번 지각하는 사태가 생길 수도 있다. 또한 고등학교 때는 점심시간이 따로 있으나 대학교는 그 시간을 내가 만들어야 한다. 수강신청에 실패하여 시간표가 어긋나면 점심 시간이 없을 수 있다.

대학의 첫 학기는 대학생활과 학업적응을 위해 최대 수강 가능학점을 채우는 것보다는 다소 적은 학점으로 시작하는 것도 나쁘지 않다. 식사시간, 도서관 가는 시간, 휴식시간, 친구와 어울리는 시간 등을 고려하면서 무리하지 않게 수강신청을 하는 것이 중요하다.

수강신청 확인/변경기간 이용하기

대부분의 대학이 개강 후 첫 주를 수강신청 확인 및 변경기간으로 정해두고 있다. 학생들은 이 기간 동안 수강 신청한 과목의 첫 수업을 듣고 계속 들을 것인지, 다른 수업으로 변경할 것인지 결정해야 한다. 일부 신입생들은 이 기간을 충분히 활용하지 못하고 첫 수업은 출석을 부르지 않는다는 선배의 말만 듣고 과감히 수업에 빠지기도 한다. 첫 수업에 출석하여 실제로 수업을 들어봐야 신청한 과목이 올바른 선택인지 아닌지 판단할 수 있다.

수강신청 기간에 꼭 듣고 싶은 과목을 넣지 못했다고 낙담하지 말고 수강신청 변경 기간을 최대한 이용하자. 누군가 취소한 것을 '줍기' 위해 부지런히 클릭을 하거나 꼭 들어야 하는 강의가 있다면, 담당 교수님께 수강가능 인원을 조금 늘려달라고 요청할 수도 있다. 개강 후 첫 주, 취소 및 변경이 가능한 이 기간을 잘 활용한다면 성공적인 수강신청이 가능하다.

04 대학생활 준비하기

자취방 구하기

낯선 환경에서 혼자 생활하는 것이 두려운 학생이 있는가 하면, 부모님의 품을 떠나 혼자 사는 것이 대학생활의 로망이었던 학생도 있을 것이다. 자신만의 공간을 갖고, 친한 친구도 초대하며 독립적으로 지내고 싶은 학생에게 자취는 대학생활의 로망 그 이상일 것이다. 그럼에도 불구하고 새 학기가 시작될 즈음이면 자취방을 어디서, 어떻게, 어디로 구해야 할지 힘든 고민이 시작된다.

• 어떤 거주형태가 좋을까

매년 대학 입학시기가 되면 신입생들은 학교를 어디에서 다녀야 할지 걱정이 많다. 집에서 학교까지 통학시간이 1~2시간 정도라면 통학하는 데 문제가 없겠지만 그 이상의 시간이 소요된다면, 기숙사에 입주하거나 학교주변에서 자취 또는 하숙이 불가피하다.

하숙. 하숙은 식사와 청소 등이 제공되는 가정집에서 방 한 칸을 얻어 거주하는 형태이다. 원룸보다 방세가 다소 비싸지만 하숙비 외에 공과금 등 기타 비용이 들지 않고 규칙적인 식사를 할 수 있다는 장점이 있다. 하숙집은 여러 사람이 같이 살기 때문에 공동생활을 하는데서 오는 불편함이 있으나 또래 친구들과 자연스럽게 어울릴 수 있어 타지 생활에서 느끼는 외로움을 달래 수 있다. 하숙집 아주머니가 거르기 쉬운 아침식사를 챙겨주므로 부모님의 품을 떠나 처음 혼자 생활하기 시작하는 학생에게 무난한 거주 형태라고 볼 수 있다.

자취. 자취에는 원룸, 고시텔 등이 있다. 원룸은 말 그대로 방 하나에 주방과 화장실이 딸린 공간이다. 월세 외에도 전기료, 가스비 등 매달 지출되는 공과금과 관리비가 부담스럽지만 독립된 공간에서 자유로운 생활을 누릴 수 있다는 장점이 있다. 고시텔은 침대와 책상이 있는 방을 독립공간으로 사용하며 화장실, 샤워실 등은 공동으로 사용한다. 방음문제 등 공동 생활하는 사람들과의 매너문제가 불편하지만 학교에서 대부분의 시간을 보내는 학생들은 저렴한 비용으로 자취생활을 시작할 수 있다는 장점이 있다.

• 방은 어떻게 구할까

자취방을 구할 때는 되도록 부모님과 함께 직접 방의 상태를 확인한 후에 결정하는 것이 좋다. 학교 커뮤니티 혹은 대학가 곳곳에 붙어있는 전단지를 통해서 집주인과 직접 연락하여 방을 구경할 수도 있고, 학교 주변 부동산을 통해서 중개인과 함께 방을 볼 수도 있다. 방구하기 스마트폰 어플리케이션과 같이 유용한 서비스를 이용할 수도 있다. 합리적인 가격에 좋은 시설을 갖춘 방을 구하기 위해서는 이리저리 발품도 팔고 다양한 정보들을 적극적으로 활용해야 한다.

부동산 중개인. 방을 구하려고 할 때 제일 먼저 떠오르는 곳이 부동산이다. 원하는 방을 보다 쉽고 빠르게 찾기를 원한다면 부동산 중개인의 도움을 받을 수 있다. 학교 주변 또는 주거지역을 고려해 부동산에 방문하여 원하는 가격대부터 평수, 옵션 시설 등을 설명하면 방을 소개받을 수 있다. 다만, 부동산을 통해 방을 구하게 되는 경우, 부동산 중개수수료를 지불해야 한다. 수수료는 '부동산중개 수수료 요율'에 따라 책정되므로 계약 전에 포털사이트에 '부동산 수수료 계산기'를 검색해서 직접 계산해 볼 수 있다.

스마트폰 어플과 인터넷 카페. 최근에는 부동산 중개인의 도움 없이 인터넷 카페를 이용하거나 스마트폰 어플리케이션을 이용해서 스스로 자취방을 구하는 학생들이 늘고 있다. 등록된 사진을 미리 확인하고 선택한 후 집을 방문할 수 있어 시간을 절약할 수 있다. 게다가 직접 계약을 통해 중개수수료 발생을 피할 수 있어 그만큼 저렴하게 방을 구할 수 있다. 단, 직접 거래를 하는 경우, 세입자를 보호하는 '표준임대차계약서'를 반드시 작성하여 혹여 당할 수 있는 법적 분쟁의 소지를 피해야 한다.

대학생 임대주택. 한국토지주택공사(LH)에서 실시하는 '대학생 임대주택' 사업을 통해서도 자취방을 구할 수 있다. 대학생 임대주택은 "대학생의 주거 안정을 위해 입주대상자로 선정된 학생이 주거할 집을 물색하면 LH에서 주택소유자와 전세계약을 체결한 후 학생에게 재임대"하는 주택이다. LH에서 일정 금액의 보증금을 지원받으므로 보통의 월세 또는 전세 비용보다 저렴한 비용으로 자취방을 구할 수 있다. 매년 신입생들 중에서 대상자를 선발하는데 소득수준에 따라 1~3순위로 나누어 신청을 받는다. 신청방법은 구비서류를 첨부하여 LH 홈페이지(http://www.lh.or.kr)에서 신청하면 된다.

• 계약하기 전, 이것만은 꼭 확인하자

방을 구하는 방법을 알았다면, 이번에는 자취방을 선택할 때 반드시 체크해야 하는 필수 사항들을 알아보자. 아무리 작은 방이라고 해도 집은 많은 시간을 보내는 장소이므로 신중하게 선택해야 한다. 처음 방을 구해보는 신입생이라면 필수적인 확인사항들을 꼼꼼히 체크하는 세심함이 더욱 필요하다.

학교와의 거리. 방이 저렴하다고 해서 학교에서 너무 멀거나 교통이 좋지 않은 곳을 구하면 등하교 시간도 많이 걸리고, 교통비도 많이 든다. 가격대가 부담되지 않는 선에서 최대한 학교 근처에 있거나 학교에서 조금 멀어도 교통편이 편리한 곳을 선택하는 것이 좋다. 신입생은 앞으로 자주 이용하게 될 학교 건물을 미리 파악하여 정문, 후문 또는 쪽문 등과 가까운 곳에 방을 구한다면 등하교 시간을 절약하고 지각할 걱정도 조금은 덜 수 있다.

보안시설 및 주변 환경. 안전한 자취생활을 위해서 건물 내 CCTV, 현관문 잠금장치, 방범창 등 보안과 관련된 각종 시설들의 설치 여부를 확인하는 것이 중요하다. 특히 혼자 거주하는 여학생들은 각종 범죄로부터 보호 받을 수 있는 사항이므로 더욱 신경 써야 한다. 이 외에도 마트, 편의점, 약국 등 생활 편의시설들이 근거리에 있는지도 확인하고, 쾌적한 주변 환경을 위해 소음이 자주 발생하거나 우범지역 등은 피해야 한다.

방 내부. 자취방을 구할 때는 반드시 방의 구조와 내부 상태를 눈으로 직접 확인한 후에 결정해야 한다. 뿐만 아니라 수압, 난방, 채광, 환기, 파손, 누수, 벽지 상태도 살펴봐야 한다. 채광이 좋고 통풍이 잘 되는지 여부도 중요하다. 환기가 어렵고 햇빛이 충분히 들어오지 않으면 생활에 활력을 잃을 수 있기 때문이다. 최근 층간 소음으로 이웃 간의 분쟁이 빈번한 만큼 방음은 중요한 문제이다. 방음이 잘 되어야 소음으로 인해 발생할 수 있는 골치 아픈 일들을 피할 수 있다. 방음 여부를 체크하기 위해서는 창문이 이중 창문인지, 창문을 닫았을 때 꼭 맞게 닫히는지, 주변의 소음이 들리지는 않는지 확인해야 한다.

옵션 확인. 자취하는 학생들은 짐을 가져오거나 새로 장만하기가 번거롭고 돈도 많이 들기 때문에 풀 옵션을 선호한다. 옵션은 계약하는 방에 비치된 가구 및 가전제품을 가리킨다. 풀 옵션에 비해 풀 옵션이 아닌 경우가 일반적으로 더 저렴하므로 자신에게 필요한 옵션 품목을 먼저 확인한 후에 방을 구하는 것도 알뜰한 집구하기 노하우가 될 것이다.

월세와 관리비. 자취를 하면 월세 이외에 매달 관리비를 내야 하므로 매달 지출되는 고정 관리비에는 어떤 것들이 포함되는지, 다른 경비는 없는지 체크해야 한다. 인터넷 요금, 수도세, 전기세, 기타 건물 청소비 등 매월 실제로 나갈 비용을 확인한 후에 임대차 계약을 해야 한다. 예를 들어, 요즘 인터넷은 기본적으로 되는 곳도 많지만 확인하지 않으면 계획에 없던 돈을 매달 지불해야 하는 사태가 발생할 수 있다. 월세 등 모든 돈거래는 현금으로 주고받는 것 보다는 임대인 계좌로 이체

하거나 지로 용지를 통해 가상계좌로 납부하는 것이 안전하고 정확하다.

• 임대차계약서를 반드시 작성하자

적당한 집을 찾았다면 이제 계약서를 작성할 차례다. 구두 계약보다는 정식으로 임대차계약서를 작성하는 것이 안전하다. 인터넷에 '주택임대차표준계약서'를 검색하면 양식을 다운받을 수 있다. 계약기간은 보통 1년으로 한다. 계약을 2년 미만으로 정했다고 해도 임대차 기간은 '주택임대차보호법'으로 2년이 보장되므로 1년을 살아보고 문제가 없다면 1년 더 살 수 있다.

집주인의 재정상태가 불량하면 계약이 만료돼도 보증금을 돌려받지 못할 수 있다. 따라서 주민센터에 직접 방문하여 해당 건물의 등기부등본을 발급받아 근저당, 가압류 등이 설정되어 있는지 확인해야 한다. 문제가 없다면 계약을 완료하고 '전입신고, 확정일자'를 받아야 '주택임대차보호법'으로부터 보호를 받을 수 있다.

아래 기사는 대학생들의 주거난과 이에 대한 해결책으로 각 대학교 총학생회를 중심으로 학생들이 자발적으로 대응에 나서고 있는 사례를 소개하고 있다.

〈대학가 집구하기 대란...학생들이 직접 나섰다〉 기사 보러가기
http://moin.mt.co.kr/eduView.html?no=2015021310368546211

기숙사 알아보기

고등학교 때부터 기숙사 생활을 경험한 학생도 있겠지만 많은 신입생들에게 대학 기숙사는 처음으로 집을 떠나 지내는 곳이다. 기숙사의 최대 장점은 통학이 편리하고 학교에서 운영해 비교적 안전하다는 것이다. 출입시간이 정해져 있고, 사전에 허가되지 않은 외박은 불가능하며 끼니마다 식사도 제공되므로 규칙적인 생활을 할 수 있다. 독립적이고 조용한 생활공간을 원한다면 다소 불편한 환경이겠으나 혼자 살기 두렵고 걱정되는 신입생이라면 기숙사에 입주하는 것이 좋다.

대학에 따라 2인 1실, 4인 1실을 기준으로 방을 배정하며, 기숙사 내 열람실, 피트니스센터, 세탁실, 휴게실 등 편의시설도 이용할 수 있다. 기숙사는 공동체 생활을 위해 준수해야 하는 규칙사항들이 있으므로 입사 전 기숙사 규정이나 생활수칙을 필히 숙지하도록 하자.

• 기숙사는 어떻게 선택해야 할까

기숙사를 선택할 때는 각 대학의 기숙사 홈페이지를 참조하면 편리하다. 홈페이지에 안내된 방 내부 사진, 시설, 호실별 집기 내역 등을 꼼꼼히 확인한다면 굳이 기숙사를 직접 방문하지 않아도 자신에게 맞는 기숙사를 선택할 수 있다. 기숙사 생활에 필요한 의류, 이불, 수건 및 세면도구, 노트북, 스탠드 등 개별 준비물도 호실별 집기 내역을 파악하면 부족함 없이 미리미리 챙길 수 있다.

• 기숙사 입사 자격은

신입생은 입학 후 첫 학기 기숙사 선발 시 재학생보다 우선권을 받을 수 있다. 재학생은 직전 학기에 성적부진으로 학사경고를 받거나 전염성 질병이 있는 경우에는 공동생활 부적격자로 판정되어 입사할 수 없다. 학칙이나 기숙사 규정 위반이 누적되어 징계처분을 받은 학생 역시 기숙사 이용이 제한된다. 대부분의 대학은 언급한 두 경우에 해당되지 않는 재학생에게는 입사자격을 부여하며 직전학기 성적을 기준으로 선발하는 것을 원칙으로 한다.

• 기숙사 생활수칙은 반드시 지켜야 할까

대학의 기숙사는 학생들의 안전하고 쾌적한 공동체 환경을 위해 생활수칙을 따르도록 한다. 이 수칙을 위반하면 그 경중에 따라 벌점이나 생활지도 교육을 받는다. 벌점이 누적되면 강제퇴사 또는 다음 학기 입사가 제한된다. 예를 들어, 허가없이 방을 변경하거나, 정해진 출입시간을 위반하거나, 사생증 및 방을 타인에게 양도하는 경우가 이에 속한다. 이외에도 다른 입사 학생들에게 불편을 주고 학생본분에 어긋나는 행위 등이 벌점 대상이다. 절도, 폭행, 음주 난동, 파렴치한 행위 등 그 사안이 심각할 경우에는 영구퇴사 등 엄격한 조치가 따르기도 한다.

룸메이트를 내가 정할 수 있을까

대학은 기숙사 방을 배정할 때 학생들의 공통점을 최대한 고려한다. 최근에는 학생들의 기숙사생활 적응과 만족도를 향상시키기 위하여 학생이 희망하는 친구와 방을 배정해주는 대학이 늘고 있다. 학교 룸메이트 매칭 웹사이트를 통해 학생들이 자신과 지낼 룸메이트를 스스로 선택하도록 하는 것이다. 룸메이트 지정 시, 서로 합의하에 신청하여야 하며 룸메이트 2명이 각각 신청해야 신청한 룸메이트로 배정받을 수 있다. 이 제도는 운영상의 어려움으로 모든 학생을 대상으로 하지 않고 일정 인원만큼 선발하는데, 선발기준은 직전학기 성적이며 기숙사 거주 경력이 있는 학생은 벌점유무를 고려하여 선발한다.

다음은 룸메이트 선배와 생활 습관이 다른 학생이 공동생활에서 불가피하게 발생한 애로사항을 토로한 사례이다. 학교 측의 조치로 이후 두 학생은 서로 다른 방에 배정되었다고 한다.

기숙사 룸메이트 형을 처음 만났을 때 매우 좋은 분이라고 생각했습니다. 단지 잠잘 때 소리에 무척 예민하다고 했습니다. 그런데 제가 코를 좀 곱니다. 형은 새벽마다 저를 깨워서 코골지 말라고 합니다. 저에게 코를 골지 말라는 말은 곧 잠을 자지 말라는 말과 같습니다. 며칠 전 밤에는 룸메이트 형도 짜증이 나는지 제가 못 듣는 줄 알고 심한 욕설을 하였습니다. 일부러 자는 척 하였지만, 무척 상처를 받았습니다. 고학번 형이라 이 부분에 대해 쉽게 말을 꺼내지도 못하겠습니다. 요즘은 일부러 룸메이트

형이 푹 잠들 때까지, 새벽 3시 이후에나 잡니다. 처음에는 이렇게 큰 문제라고 생각하지 않았는데, 실상은 그렇지 않습니다. 너무 괴롭습니다.

• 기숙사 생활에서 에티켓은 필수다

기숙사는 공동체 생활이므로 매너를 지키는 것이 중요하다. 전화통화를 너무 오래 큰 소리로 하거나, 사전 동의 없이 친구를 데려오거나, 이어폰도 끼지 않은 채 늦은 시간까지 노트북을 사용하면 룸메이트는 일상을 방해받는다. 그런 상황이 반복되면 룸메이트와의 관계가 나빠지기 십상이다. '밥은 먹었어? 수업은 재밌어? 먼저 잘게' 등 기본적인 안부를 묻는 작은 관심이 필요하다. 또한 가능하다면 룸메이트와 생활패턴을 맞춰 아침식사도 함께 하고 간식도 나누어 먹는다면 만족스러운 기숙사생활을 할 수 있을 것이다.

• 기숙사생활을 110% 즐기자

많은 대학들이 기숙사 학생들의 인성과 교양 함양, 건강한 공동체 문화 체험을 위해 명사특강, 생활문화 특강, 취미강좌, 스포츠 그룹 활동 등 다양한 프로그램을 운영하고 있다. 대학에 따라 학기별로 기타연주, 요리, 캐리커처 그리기, 요가, 핸드드립 커피, 태권도 등 다양한 취미활동 강좌를 개설하여 사생들의 공동 취미 활동을 적극 권장하고 있다. 기숙사 방에서만 지내는 것보다는 열람실이나 체력 단련실 등 기숙사 공동공간에서 친구들과 학업적인 것과 사교적인 것들을 함께 공유한다면 기숙사생활을 알차게 누릴 수 있을 것이다.

• 방학 중에도 기숙사 잔류가 가능할까

방학 중 기숙사 잔류를 희망하는 학생은 별도의 신청절차를 거쳐야 한다. 대학에 따라 방학기간 전체 또는 계절학기 기간 등 잔류 유형별로 기간을 선택할 수 있다. 직전 학기 성적 기준으로 선발하는 것이 일반적이며 학사경고자와 벌점으로 인한 입사 제한자, 휴학생 등은 신청할 수 없다. 잔류 신청 공고는 보통 5월과 11월 중에 공지되므로 기간을 체크해두었다가 학교 홈페이지나 기숙사 홈페이지에서 신청하면 된다.

등록금 납부시기 및 방법

대학 합격 소식과 함께 이어지는 또 다른 주요 일정 중 하나는 바로 입학 예치금 및 등록금 납부이다. 미리 준비하지 않으면 목돈이 한 번에 들어가야 하기 때문에 대다수 학부모들에게는 큰 부담이 아닐 수 없다. 최근에는 등록금 카드납부, 분할납부, 정부학자금대출 등이 등록금부담을 덜어주기 위한 대안으로 거론되고 있다.

• 등록금 납부 방법 어렵지 않다

예치금 및 등록금은 대학 입학홈페이지에 접속하여 고지된

고유계좌로 인터넷뱅킹, 텔레뱅킹, 무통장입금을 선택하여 납부하면 된다. 대학 입학 후 매학기 등록금은 새로운 학년도가 시작되면서 공지되는 학사일정표에 안내된 등록기간과 추가등록기간에 납부하면 된다. 이 기간을 넘기면 미등록자로 처리되어 불이익을 받을 수 있으니 주의해야 한다.

등록금 납부방법은 크게 두 가지가 있다. 먼저, 등록금 고지서를 지참하여 학교에서 지정한 금융기관에 납부하는 것이다. 등록금 고지서는 학교 홈페이지에 접속하여 출력할 수 있다. 더 손쉬운 방법으로는 등록금고지서에 안내된 학생본인의 가상계좌에 등록금액을 인터넷뱅킹이나 계좌이체 등의 방법으로 입금하는 것이다. 이 방법을 이용하면, 입금 후 등록여부를 학교홈페이지에서 바로 확인할 수 있다. 부모님의 연말 소득공제확인을 위한 '교육비납입증명서' 발급도 학교 홈페이지에서 출력 가능하니 잊지 말고 잘 챙겨두자.

• 등록금 항목에는 어떤 것들이 있을까

대학 등록금은 크게 입학금, 수업료, 교지대, 학생회비 등의 항목으로 나뉜다. 입학금은 입학한 첫 학기에만 부담하는 비용으로 신입생 입학과 관련 행사, 행정업무 등에 주로 사용된다. 수업료는 말 그대로 대학에서 강의를 듣는 비용으로 등록금 항목 중 비중이 가장 높다. 교지대는 대학의 자체 교내 신문사와 방송사 등의 운영에 필요한 경비로 사용된다. 학생회비는 학생이 주체가 된 모임, 즉 총학생회 혹은 각 학과 학생회를 운영하기 위해 필요한 돈이다. 대부분의 대학이 4년 분의 학생회비를 새로 입학하는 신입생들에게 한꺼번에 걷는 것을 관행으로 하고 있다.

• 등록금 분할 납부제도를 이용하자

많은 액수의 등록금을 일시불로 납부하기 곤란하다면, 등록금 분할 납부제도를 이용해보자. 학기 중 보통 2~4회까지 분납이 가능하다. 기존에는 일시 납부용 고지서만 일괄 발부되어 분할 납부를 희망하는 학생은 별도의 신청 절차를 거쳐야 하는 번거로움이 있었다. 2015년부터는 납부고지서에서 등록금 납부방식을 '분할 납부'로 선택하면 신청이 완료된다. 이와 함께 학기 중에도 학자금 대출을 가능하도록 하여 분할 납부를 신청한 뒤 등록금이 부족하면 학자금 대출로도 충당할 수 있다.

신입생 드레스 코드

대학 합격자 명단이 발표되고 이르면 1, 2월부터 사실상 대학생활이 시작된다. 단체 카톡을 통해 선배, 동기간 모임이 시작되고 신입생 오리엔테이션부터 신입생환영회, 새내기배움터 등 대학의 공식적인 행사가 연이어 이어진다. 그동안 정들었던 교복은 옷장 속에 추억으로 간직하고 어떤 스타일로 신입생 오리엔테이션과 환영회에 참석할지, 자신만의 개성을 표현하려면 무엇을 어떻게 입어야 할지 새로운 고민이 시작된다.

• 봄 그리고 새내기 패션

봄의 시작을 알리는 3월, 캠퍼스는 봄과 가장 잘 어울리는 이름, 새내기들의 싱그러움으로 가득하다. 드디어 대학 신입생들이 교복을 벗고 신입생 드레스 코드에 맞춰 사복패션을 자유롭게 선보일 때가 되었다. 대학 신입생은 더 이상 청소년이 아니기 때문에 성인이 된 자신의 모습을 어필할 새로운 스타일이 필요하다. 그렇다 보니, 신입생 때는 조금이라도 더 성숙하게 보이려고 서툰 화장, 과한 패션을 하거나, 반대로 여전히 고등학생인지 대학생인지 구분되지 않는 과도기 패션에서 벗어나지 못하기도 한다.

• 실용적이고 캐주얼한 캠퍼스 룩

대학 새내기 패션의 첫 번째 포인트는 패션 센스를 드러내면서도 과모임, 동아리 모임 등 여기저기 열심히 쫓아다니고, 강의실에서 수업도 들어야 하므로 편안하고 실용적인 코디를 하는 것이다. 또한, 간절기 추위를 막을 수 있는 보온성도 새내기 패션의 중요한 포인트다. 가디건은 자칫 방심했다가는 감기 걸리기 쉬운 3, 4월의 일교차 큰 날씨에 따뜻하면서도 스타일을 살릴 수 있는 신학기 기본 아이템이다. 가디건을 심플한 셔츠나 티셔츠 위에 레이어드해 입으면 편안하면서도 캐주얼한 새내기 룩을 완성할 수 있다.

• 단정하고 세련된 느낌

대학 새내기는 단정해 보이는 룩도 필요하다. 새로운 친구들에게 그리고 수업 중 발표하는 자리에서 단정하고 세련된 인상을 주고 싶다면, 클래식한 디자인의 옷으로 스타일링 해보자. 여학생들은 셔츠나 블라우스, 재킷 등 기본 아이템들로 심플하게 코디하면 단정하면서도 지적인 여대생의 이미지를 완성할 수 있다. 남학생들은 체크무늬나 민무늬 셔츠에 니트, 그리고 자켓을 레이어드하면 꾸민 것 같지 않으면서도 단정한 멋을 낼 수 있다.

• '대학생들의 교복', 과잠

신학기가 시작되면 대학가에는 이른바 '과잠'(학과 잠바의 줄임말)을 입은 학생들을 쉽게 만날 수 있다. 바야흐로 '과잠의 계절'이 시작된 것이다. 아래 링크된 기사에서 확인할 수 있듯이, 한때 과잠이 유행하면서 '학벌과시, 인정욕구' 등의 논란이 있었지만 과잠의 인기는 점점 높아져 최근에는 '대학생들의 교복' 위치까지 오르게 됐다.

과잠은 보통 학과나 동아리, 학생회 등에서 단체 주문하여 제작한다. 이제 곧 대학에 입학할 예비 새내기들은 앞으로 과잠 두 세 벌쯤은 갖게 될 것이다. 동기, 선배들과 과잠에 들어갈 글귀와 색상을 고르고 디자인하면서 대학생이 되었다는 뿌듯함 그리고 어떤 학교와 학과, 동아리 등에 속해있다는 유대감과 소속감을 경험하게 될 것이다. 더불어 똑같은 과잠을 입어도 자신만의 개성이 물씬 풍길 수 있도록 다양한 일상복들과 매치하여 참신한 과잠 스타일링을 시도해보는 것도 좋겠다.

〈'과잠'의 계절이 돌아왔다〉 기사 보러가기

http://www.hani.co.kr/arti/specialsection/esc_section/684007.html

제 2 장

대학생활 시작

1) 캠퍼스를 내 손안에

- 캠퍼스 파악하기
- 교내기관 알아보기

2) 새로운 환경에 적응하기

- 공지를 확인하자
- 다양한 배경의 차이 극복하기
- 용돈 관리하기
- 장학금은 어떻게 받을 수 있나요?
- 동아리 활동
- 술자리 매너
- 스트레스가 많아요

3) 시간 관리

- 왜 이렇게 시간이 없지요?
- 시간관리를 위한 기본 지침
- 공강, 자투리 시간 활용
- 방학 계획

4) 병역의무

- 군 입대 시기
- 병역의무 이행 방법
- 군 입대 전에 할 일

이제 입학식도 지나고 대학생이 되었다. 입시 경쟁이 치열한 우리나라의 고등학생들은 '대학만 가면……' 하며 모든 어려움을 견뎌왔기 때문에 대학생활에 대한 기대가 더 클지도 모르겠다. 그러나 막상 대학에 입학하면 생각했던 만큼 재미있지도 새롭지도 않아 실망하기도 한다. 대학(大學)이라는 곳이 말 그대로 큰 학문을 하는 곳이며, 더 많이 배우는 곳, 진리를 탐구하는 곳인데 보통 학생들은 그동안 놀지 못했으니 실컷 놀고, 억눌렸던 욕구를 마음껏 표출하는 곳으로 기대했기 때문일 것이다. 물론 대학 시절은 충분히 자신만의 시간을 확보할 수 있는 기간이고 누구의 통제도 없이 자율적으로 그동안 해보고 싶었던 여러 가지 시도를 해볼 수 있는 기간이다. 그런데, 그렇게 하기 위해서는 먼저 대학과 대학생활에 대한 충분한 이해가 필요하다. 대학에서는 고등학교 때와 달리 자유와 책임이 동시에 주어진다는 점을 인식하고, 타인의 통제가 아닌 자기 주도적으로 계획하고 실천하며 그에 따른 책임을 감당해가야 한다. 그 과정에서 분명 시행착오도 있을 것이다. 그러나 두려워 말라, 혼자가 아니다! 교수, 친구, 선배, 멘토, 책 등 옆에서 도와줄 코치(coach)가 있다. 학문의 정진과 더불어 대학에 대한 기대와 꿈을 실현하기 위해 대학생활을 어떻게 시작해야 할지 하나씩 함께 고민해보자!

캠퍼스를 내 손안에

고등학교 때까지는 교무실이나 서무실에 찾아가면 거의 대부분의 일이 해결되었는데 대학에 오니 궁금한 건 더 많은데 어디로 가야 할지 모르겠습니다. 학생증은 어떻게 발급 받을지, 장학금은 어디에 문의해야 할지, 수강신청이 잘못된 것은 어떻게 변경할 수 있는지, 진로상담은 어디에서 받을 수 있을지 등을 알아보기 위해 여기저기 발품만 팔다가 포기하는 경우가 많습니다.

캠퍼스 파악하기

대학이 고등학교와 다른 점은 여러 가지가 있지만 외관상으로도 뚜렷이 구분되는 것이 크기(size)와 규모(scale)일 것이다. 대학교는 일반적으로 한 학년이 적게는 1,000명에서 많게는 4,000명이 넘고 전공만도 보통 50개가 넘는다. 그러므로 건물 수, 교수 수, 직원 수 등 모든 부분에서 규모가 클 수밖에 없고 캠퍼스는 당연히 광대해지게 된다.

그러한 기반 위에 대학은 매우 풍부한 자원을 제공한다. 훌륭한 교수님과 선후배, 그리고 학생들을 지적, 재정적, 심리적으로 지원할 각 분야의 전문가와 교직원 등의 인적 자원뿐 아니라 도서관, 실험실, 축구장, 휴식 공간 등 풍부한 물적 자원이 있다.

그러나 캠퍼스 크기가 큰 만큼 필요한 기관을 찾기가 쉽지 않고, 풍부한 자원이 있음에도 불구하고 어디에 무엇이 있는지 몰라 충분히 활용하지 못하는 경우가 많다. 학교 홈페이지나 학교에서 제공하는 학생수첩 등을 통해 주요 기관의 위치와 연락처를 챙겨두고, 캠퍼스 구석구석을 다니면서 강의실 등 캠퍼스 전반에 대해 빠른 시일 내에 익히도록 하자.

교내기관 알아보기

캠퍼스를 두루 다니다 보면 문구점, 복사실, 미용실, 은행, 식당 등 편의시설의 위치를 파악할 수 있고, 학교 주요기관이 어디에 있는지도 알 수 있다. 교내 주요기관 중 학생들이 많이 찾는 몇 곳만 소개해보면 다음과 같다.

• 학과 사무실

학과 사무실은 해당 학과 학생들의 성적, 학적, 졸업 등 학사 전반에 관한 행정적인 지원을 한다. 수강신청, 성적, 휴학, 복학, 군입대 등 학사 행정에 관한 궁금한 사항은 학과 사무실에 가면 대부분 해결된다. 또한 학생의 지도교수님이 어느 분인지, 또 그 교수님이 학생들을 만나기 위해 별도로 지정한 오피스 아워(Office Hour)는 언제인지도 알 수 있다. 학생들이 입학하여 졸업할 때까지 필요한 행정적인 사항을 수시로 공지하고 전공 관련 인턴, 공모전, 취업 등에 관한 정보도 제공하고 있으니 학과 사무실과 홈페이지는 자주 들러보도록 하자.

• 학생처

학생처에서는 학생들에게 최적의 학업환경과 교내 생활환경을 제공하기 위해 학교생활 전반에 대한 서비스를 제공한다. 학생증이나 증명서 발급뿐 아니라 총 학생회와 동아리 등 학생활동 지원, 학생복지, 사회봉사, 재정지원 등 학생을 위한 다방면의 지원을 한다. 장학금 지급과 같은 경제적인 문제와 기숙사, 봉사활동 등 학교생활 전반에 대해 도움이 필요할 경우 방문하여 문의해보자.

• 학생상담센터

대학에 입학하면 학업 문제 뿐 아니라 이성, 대인관계, 가족문제 등 그동안 깊이 생각하지 않았던 문제들이 현실적으로 다가오면서 힘겨울 때가 있을 것이다. 심리적인 어려움을 혼자 고민하지 말고 심리상담 전문가에게 찾아가 도움을 받도록 하자. 상담센터에서는 학습유형 검사, 자아발견 검사, 진로검사 등의 서비스도 제공하므로 학습기술 향상과 자신의 잠재력과 적성을 파악하고 미래를 설계하는 데에도 도움을 받을 수 있다.

• 도서관

도서관에서는 자료의 선정 및 관리, 대출·반납, 정보서비스, 서비스 이용방법 교육 등을 통하여 학생들의 학습과 연구활동을 지원한다. 국내외 학술자료를 전자정보로 제공하고 있어 세계적인 논문들을 쉽게 찾아볼 수 있고 전공 및 교양 서적, 신문, 잡지 등이 오픈되어 있다. 영화 CD를 빌려 볼 수도 있다. 시험기간에 독서실처럼 이용하는 자유학습실만 있는 것이 아니니 도서관을 십분 활용하여 지적 요구를 채워가도록 하자.

• 건강지원센터

고등학교 때 몸이 아프면 찾아갔던 양호실처럼 대학에도 건강지원센터가 있다. 학생의 건강한 생활 지원을 목적으로 하는 1차 진료기관으로 학생 건강검진을 통한 질병의 조기발견, 진료 및 진료알선, 보건교육 등의 서비스를 제공한다. 간단한 외상 치료뿐 아니라 감기, 소화 장애 등 질병에 대한 진단과 치료, 그리고 정신과 및 치과 진료를 하기도 한다.

또한 대부분의 학교는 학생들의 학교생활 중 발생한 사고에 대한 보상을 위해 보험에 가입해 있다. 그러므로 교내 생활이나 학교 공식 행사, 학과 MT 등에서 운동을 하다 다쳤거나, 부주의로 사고를 당했다면 담당 기관(건강센터, 학생처)에 적극적으로 문의하여 치료하고 보상을 받도록 하자.

02 새로운 환경에 적응하기

공지를 확인하자

대학에 오니 어리둥절합니다. 담임선생님도 없고, 정해진 우리 반 교실도 없이 강의실만 왔다 갔다 하다 보니 제가 잘 생활하고 있는 건지, 뭔가 놓치고 있는 건 없는지 불안합니다. 조회, 종례시간에 이것저것 알려주시고 체크하시던 담임선생님의 잔소리가 그리워지기도 합니다.

대학에 오면 간섭하는 사람이 없어 편하기도 하지만 어느 누구도 지시하거나 체크하지 않아 중요한 사항을 놓칠 수 있기 때문에 본인이 일일이 점검해야 하는 어려움이 있다.

고등학교 때의 조회, 종례와 같은 주요 공지는 학교나 학과 홈페이지에 게시되므로 학생들은 주기적으로 공지를 확인해야 한다. 학교 주요공지를 한 번도 체크하지 않고 주변 친구들의 말만 듣고 움직이는 학생들이 간혹 있는데, 이런 경우 중요한 정보를 다 챙길 수가 있을까? 학교 통학시간 등을 이용해 규칙적으로 공지를 확인하는 습관을 갖도록 하자.

특히 중요한 사항은 문자(SMS)를 보내주는 서비스도 시행하고 있으니 문자나 공지는 꼼꼼히 확인하고 중요한 사항은 메모를 하도록 하자. 문자 서비스를 받기 위해서는 학교 시스템에 등록된 자신의 핸드폰번호를 항상 최근의 번호로 업데이트해야 함도 잊지 말자. 입학 당시의 어머니 핸드폰번호, 군 입대 전 서비스 중지한 번호로 등록되어 있어 문자서비스를 받지 못하는 일이 없도록 하자.

다양한 배경의 차이 극복하기

부모님과 해외에서 12년간 수학을 하고 한국으로 대학 진학을 했습니다. 한국 문화를 익혀서 문화 콘텐츠를 개발하는 것이 저의 꿈이기 때문에 부모님의 반대도 무릅쓰고 혼자 한국으로 오게 되었습니다. 영어, 중국어는 능통한 편인데 한국과 교과과정이 달라 수학, 과학 관련 학업내용을 따라가기가 무척 힘듭니다. 선후배도 없고 너무 기초적인 것도 모른다고 무시를 당할 것 같아 친구들에게 물어보기도 부끄럽고 꺼려집니다.

대학은 국내 여러 지역뿐 아니라, 최근 글로벌화 되면서 해외의 여러 나라 학생들이 입학하고 있다. 입학 전형도 다양화되어 다양한 배경과 능력을 지닌 학생들이 모이게 되므로 초기에는 학업, 대인관계 등 모든 면에서의 적응이 힘들 수 있다. 그러나 대학은 다양성이 존중되고, 그러한 배경은 더 폭넓게 배울 수 있는 기회의 장이 될 수 있다.

국내외 고등학교의 교과과정이 조금씩 다르고, 학생마다 수능 선택과목이 달라서 입학 초기에 학업을 잘 따라가지 못해 심리적으로 위축되는 학생들이 있다. 그러나 절대 그럴 필요가 없다. 대학에서 각 개인의 배경을 고려하고, 강점을 인정하여 선발한 것이기 때문에 본인의 능력에 따라 강점을 펼쳐 가면 되는 것이다. 나의 부족한 면만 보고 위축되지 말고, 내가 가지고 있는 능력을 최대한 살려가도록 하자.

최근 대학에서는 입학 전형의 다양화에 따라 대학 학습적응을 위한 다양한 프로그램을 제공하고 있다. 학업 배경이 달라 초기 학습에 어려움이 있는 경우에는 친구나 학습지원 프로그램의 도움을 적극적으로 받도록 하자. 모르는 걸 물어보는 것은 부끄러운 것이 아니다. 극복하려고 노력하지도 않고, 모르면서 아는 체하는 것이 더 어리석은 태도가 아니겠는가?

용돈 관리하기

대학에 입학하여 활동 범위가 넓어진 만큼 용돈도 많이 쓰게 된다. 등록금도 비싼데 부모님께 용돈까지 넉넉하게 달라고 할 수는 없고, 돈 쓸 곳은 많다보니 용돈은 큰 고민 중에 하나로 자리 잡게 된다. 동아리마다 동아리 회비 내고, 대학 가면 꼭 입고 싶었던 과 잠바도 신청하고, MT 가고, 점심과 저녁을 사먹다 보면 한 달 용돈이 반도 지나지 않아 소진되곤 한다. 그래서 차츰 모임도 피하게 되고 끼니도 적당히 때우다 보면 초라한 자신을 발견하고 짜증이 나기도 한다.

그런 고민을 하는 학생이 많아서인지 요즘은 학생용 가계부 정리 스마트폰 앱도 많이 등장하고 있다. 2~3달 가계부를 쓰다 보면 주로 어디에 돈을 쓰는지, 줄일 곳은 없는지 발견할 수 있고 쓸데없는 소비를 조금씩 줄여갈 수 있다. 시간과 마찬가지로 돈도 관리하지 않으면 제멋대로 없어지는 것이다. 그러므로 자신의 소비패턴을 파악하고 관리해야 한다.

그래도 부족한 용돈은 근로학생 활동이나 아르바이트를 통해 보충하는 방법을 찾아보자. 학교 공지나 웹 사이트를 이용하여 관련 정보를 얻을 수 있다. 그러나 간혹 학업을 소홀히 하면서 까지 아르바이트에 매진하는 경우가 있는데, 이는 바람직하지 않다. 적은 시급으로 원하는 만큼의 돈을 마련하기 위해서는 많은 시간을 투자해야하기 때문에 본말이 전도되는 상황이 올 수 있다. 공부를 열심히 하여 성적장학금을 받거나, 자기계발에 힘써 자신의 미래가치를 높이는 것이 더 현명한 선택이 될 수 있다.

• 알뜰 생활을 위한 앱

스마트 용돈기입장

syrup: 쿠폰 포인트 조회

• **각종 아르바이트 관련 정보**

http://www.alba.co.kr

http://www.albain.co.kr

http://www.albamon.com

장학금은 어떻게 받을 수 있나요?

대학 합격의 기쁨도 잠시, 대학 등록금 문제로 부모님과 갈등이 있었습니다. 첫 학기는 어떻게 해결이 되었는데 다음 학기부터는 부모님도 어렵다고 하십니다. 틈나는 대로 아르바이트를 하고 있는데 겨우 제 용돈만 충당할 뿐이고 저축은 정말 어렵습니다. 아르바이트로 친구관계와 학업도 소홀해지다 보니 대학에 와서 친구도 못 사귀고 성적도 좋지 않습니다. 다음 학기는 휴학하고 등록금을 벌어야 할 거 같아요.

대학에 입학하면 등록금 외에 생활비와 용돈도 많이 지출하게 되니 자연스럽게 장학금에 관심을 갖게 된다. 국가나 대학에서 주는 장학금이 가장 규모가 크고 일반적인데 장학금의 종류는 크게 성적우수 장학금과 가계곤란 장학금이 있다. 대부분의 대학에서 교내 가계곤란 장학금을 한국장학재단의 국가장학금과 통합하여 운영하고 있으니 참고하여 이용하도록 하자.

성적우수 장학금은 매 학기 우수한 학업 성취로 높은 학점을 받은 학생들에게 지급하는 것이다. 그 기준은 학교마다 다르지만 보통 과별 석차 상위 5% 정도의 학생들이 해당될 수 있을 것이다. 가계곤란 장학금은 보통 부모님의 소득 수준에 따라 장학금액이 결정되며, 가정형편이 주된 평가 요소이므로 성적은 최소 요구 학점만 충족하면 된다.

성적과 가정형편이 모두 보통인 학생은 이 외의 각종 장학금을 적극적으로 찾아봐야 한다. 학생회나 동아리의 임원 학생들에게 주는 장학금, 근로 학생에게 주는 장학금, 교내의 크고 작은 공모전을 통해 주는 장학금, 기업이나 지자체에서 주는 장학금 등을 활용해보자.

상황이 어렵다고 쉽게 낙심하고 돈을 벌기 위해 휴학을 결심하는 경우가 있는데 지도교수님이나 학생처의 장학담당 선생님과 충분히 상의해보고 결정하도록 하자.

- **http://www.kosaf.go.kr(한국장학재단)**
  성적, 가계곤란 관련 국가장학금 지원 뿐 아니라 학자금과 생활비 대출도 지원한다.

동아리 활동

밴드동아리에서 활동하고 있습니다. 대학가면 꼭 하고 싶었던 활동이고 선배님들도 좋고 공강에는 동아리방에서 같이 과제도 하고 너무 좋아요. 그런데 다른 친구들을 보니, 전공 학회, 경제 스터디 등 뭔가 취업에 도움이 되고 스펙이 되는 활동을 하고 있는데 저만 너무 놀고 있는 건 아닌가 하는 생각이 들어 불안합니다. 요즘 공연준비로 매일 연습을 해야 하니 사실 부모님도 동아리를 꼭 해야 하냐며 걱정이 많으십니다.

대학에서 "꼭" 해야 한다는 것은 거의 없다. 모든 것은 개인의 자율이다. 동아리도 마찬가지이다. 그러나 대학에서 취미, 꿈, 관심분야 등이 비슷한 친구와 선후배들이 모여 하나의 목표를 가지고 활동하는 것은 매우 의미 있는 일이 될 수 있다. 동아리 하나쯤은 성실하고 꾸준하게 활동해 보기를 권하고 싶다. 동아리는 학생 자치 기구이기 때문에 언뜻 보면 규모가 없고 조금 어설퍼 보이기도 한다. 하지만 동아리의 문화, 규칙 등은 함께 만들어 가는 것이기 때문에 본인이 얼마나 열정을 가지고 적극적으로 참여하는가에 따라 원하는 분위기와 문화를 만들어 갈 수 있는 것이다.

동아리는 강의실에서처럼 누군가 가르치고 누구는 배우는 관계가 아닌, 나를 포함한 전 구성원이 함께 만들어 가는 관계이기 때문에 더욱 매력적이다. 동아리 활동을 통해 여러 행사도 기획해 보면서 자신의 숨겨진 재능도 발견하게 되고, 일의 분배와 협력 방법, 선후배 관계, 갈등관리, 리더십 등 여러 가지 능력을 배양할 수 있다. 그런 자치 활동 속에서 관계가 더욱 돈독해지고 좋은 친구와 선후배 관계가 형성되는 것이다.

동아리 때문에 바빠서 학업이 엉망이라고 말하는 학생이 있는데 그것은 핑계에 불과하다. 어떤 일을 책임감 있게 열정적으로 하는 학생이 학업을 게을리 하기란 쉽지 않다. 정말 자신이 하고 싶은 활동이라면 얼마든지 〈시간관리〉를 통해 해낼 수 있다. 공부할 시간이 없는 것인가, 의지가 없는 것인가 곰곰이 살펴보아야 한다.

또한 학업 동아리가 아니라고 해서 진로나 스펙에 도움이 안 된다고 말할 수 없다. 어떠한 일이든 열정을 가지고 열심히 하는 활동 자체가 스펙이 되는 것이다.

동아리는 도전과 실수가 용인되고 마음껏 내 끼를 발휘해 볼 수 있는 훌륭한 장이 될 수 있다. 그러나 열정 없이 단지 인맥을 위해, 스펙을 위해 시작한 활동이라면 그저 분위기에 끌려 다니며 아무것도 얻지 못할 수 있으니 신중히 결정하도록 하자.

하고 싶은 것이 많아 동아리 선택에 어려움이 있거나 어떤 동아리가 자신에게 맞을지 잘 모를 경우 처음에 2~3개 정도의 동아리에 가입하여 활동해본 후 가장 마음에 맞는 동아리를 선택해서 집중적으로 활동을 해보는 것도 좋을 것이다. 교내 동아리뿐 아니라 여러 학교의 학생들과 연합하여 활동하는 연합 동아리에 가입하는 것도 좀 더 활동 범위를 넓힐 수 있는 방법이 될 수 있다. 자신의 요구에 딱 맞는 동아리가 없다면 스스로 기획하여 동아리를 직접 만들어 보는 것도 좋은 경험이 될 것이다.

술자리 매너

입학 후 선배나 동기들에 이끌려 이 모임, 저 모임 참석하다 보면 모임이 술로 마무리 되는 것을 경험하게 된다. 술은 사람을 무장해제시키는 힘을 가지고 있어서 어색함을 깨뜨리고 빠른 시간 내에 서로 친밀감과 일체감을 느끼게 하기도 한다. 그러나 술은 짜릿한 즐거움과 동시에 여러가지 해악을 주기도 한다. 건강을 해치기도 하고, 돌이킬 수 없는 실수를 범하게도 하고, 사고로 이어져 생명을 위협하기도 한다.

> 대학생들이 학생회, 동아리 등의 모임에서 음주 사고로 숨지거나 다치는 사례가 끊이지 않아 대책 마련이 시급하다. 학생회에서 1박 2일 일정으로 펜션에 갔던 남학생이 숙소에서 추락해 숨졌다. 경찰에 따르면 A씨가 술을 마신 뒤 창문을 열고 찬바람을 쐬다 실수로 떨어진 것으로 보고 조사 중이다(세계일보 2015년 4월 5일자 인터넷뉴스 정리).

극단적인 경우는 차치하더라도 자신의 주량도 알지 못하는 사이에 절제없이 도를 넘게 되면, 수업에 지각하거나 결석을 하게 되고, 과제를 제때 제출하지 못하는 등 학업에서도 문제를 일으킬 수 있다. 만약 학기 초에 이런 일이 반복된다면 후회 막급한 대학생활이 될 여지가 다분하다.

일부 학생들은 선배들이 술을 너무 권해서 모임 자체가 꺼려진다고도 하고, 다음날 1교시 수업이나 시험 때문에 내키지 않는데도 불구하고 선배의 술자리 제안을 뿌리치기 힘들다는 호소를 하기도 한다. 술이 관계를 끈끈하게 하는 것이 아니라 오히려 방해하는 것이다.

잘못된 술 문화는 공동체와 선후배 관계를 어렵게 하고, 때로 남녀 학생 간에 돌이킬 수 없는 실수로 학교생활은 물론 개인의 미래와 진로에 큰 장애를 일으킨다. 그러므로 함께 노력하여 건전한 음주문화와 술자리 매너를 정착시키는 것이 매우 중요하다.

성균관대학교(2005년)에서 발간한 〈대학공부의 길잡이〉에서 전하는 '선배가 말하는 건전음주관리 십계명'은 술자리 매너를 익혀가야 할 새내기에게 유익한 조언이 될 것이다.

▸ **선배가 말하는 건전음주관리 십계명**

1. 술은 즐겁게 마셔야 한다.
   술을 마실 때에는 즐거운 분위기에서 친구들과 함께 마신다. 혼자 마시거나 스트레스를 풀려고 마시는 것은 알콜 의존의 초기증상이다.
2. 되도록 1차에서 끝내자.
   대중교통수단이 다니는 시간에 술자리를 마무리하도록 한다. 2차를 갈 수밖에 없는 상황이라면, 중간에 1시간 이상 비알콜 음료를 마시며 쉬는 시간을 가져라.
3. 술은 안주와 함께
   안주가 없는 음주는 위와 간 그리고 내장기관에 큰 타격을 준다. 안주로는 영양가가 있는 음식, 특히 단백질 음식이 좋으며 기름이 많은 음식은 삼가도록 한다.

4. 섞어 마시지 말고, 2잔 이상 마시지는 말자.
   국민건강지침에 따르면 술의 종류에 따라 표준 잔으로 2잔 정도를 적당한 양의 술이라고 정해놓고 있다. 그 이상 마시면 과음이 되는 것이다.

5. 다른 약물과 함께 마시지 말자.
   어떠한 약물이든 알콜과 반응하여 예측할 수 없는 부작용을 일으킬 수 있다. 절대 약물과 함께 마시지 않도록 한다.

6. 자신의 주량을 파악하자.
   술을 마셔본 경험이 없는 사람일수록 자신의 주량을 파악하는 것이 필요하다. 사람에 따라서는 체질적으로 술을 못 마시는 사람이 있다. 자신의 주량을 파악하기 위해서는 마신 술잔의 수를 세어보는 것도 좋은 방법이다. 알콜 분해 능력이 떨어지는 사람에게는 소주 2잔도 치사량이 될 수 있다.

7. 주는 대로 마시지 말자.
   술자리에서 끝까지 살아남고 싶다면 페이스 조절은 필수다. 천천히 그리고 쉬면서 마시자. 원샷의 호기로움은 단지 그 때뿐, 원샷은 원샷을 부르고, 결국 술이 나를 먹는다.

8. 더 이상 마시지 못할 때에는 확실히 No 라고 말하자.
   선배가 주는 술은 거절하기 어렵다. 하지만 꼭 기억하자. 정량 이상을 마시고 난 후 실수를 했을 때는 더욱 만회하기 어렵다는 사실을… 처음이 어려울 뿐이다. 웃으면서 거절해 보자.

9. 술을 마시지 않더라도 충분히 그 자리를 즐길 수 있다.
   술을 마시지 않고도 술자리를 즐길 수 있다. 술집에는 안주도 콜라도 물도 있다. 이 때 필요한 것은 술을 마신 사람들을 너

그렇게 이해할 수 있는 아량이다.

10. 술을 잘하는 것은 자랑이 아니라.
자신의 주량이 적다면 광고하는 것이 바람직하다. 그러나 주량이 많은 것은 굳이 자랑하지 말자. 언제나 자신의 컨디션이 최상이라고 과신하는 것은 금물이다.

스트레스가 많아요

대학에 입학하면 스트레스가 없을 줄 알았어요. 입시에 대한 부담도 없고 적어도 대학 4학년이 될 때까지는 마음껏 즐기며 행복한 시간을 보낼 줄 알았는데 전혀 그렇지가 않아요. 고등학교 때 부모님도 저에게 '대학만 가면……'이런 말씀을 많이 하셨는데 속은 기분까지 들어요. 다른 친구들은 그렇지 않은 것 같기도 한데 저는 과제, 성적, 친구관계, 용돈 모든 게 스트레스입니다.

대학 신입생 시절은 기대와 흥분으로 가득 찬 시기이기도 하지만, 많은 것들을 처음 경험하기 때문에 그에 따른 새로운 스트레스가 따라오는 시기이기도 하다. 이제 성인으로서 많은 자유가 주어진 만큼 스스로 결정하고 책임도 져야 한다는 부담이 있기 때문이다. 그래서 때로는 부모님이나 선생님이 통제해 주던 시절을 그리워하기도 하고, 빨리 군 입대를 하거나 취업을 해서 통제 속으로 들어가 버리고 싶어 하기도 한다.

스트레스는 무조건 나쁘고 피할 것만은 아니다. 새로운 환경에 적응하는 데 있어 스트레스는 너무나 자연스러운 것이고 성장을 위해 꼭 거쳐 가는 과정이다. 너무 과민하게 반응하기보다는 자연스럽게 성장통을 느껴보고 스스로 해결하는 과정의 재미를 느껴보는 것도 좋을 것이다. 모든 것은 보는 관점에 따라 달리 해석될 수 있다. 인생은 크고 작은 스트레스를 안고 살게 되어있으니 스트레스를 잘 달래고 관리하는 연습을 해보자.

여전히 자신이 느끼는 스트레스가 너무 강하고 지속적이어서 일상생활이 어렵다면 학생상담센터를 찾아가 전문가의 도움을 받도록 하자. 충분히 이겨낼 수 있으며 스트레스가 발전의 동력이 될 것이다.

스트레스를 자주 느낀다면,
상황에 따라 자신의 관점을 전환하는 연습을 해보자

▸ 일이 계획대로 되지 않을 때
원하는 대로는 안 되었지만 그런대로 '괜찮아.'
계획대로 되지 않았을 뿐 실패한 건 아니니다.
계획대로 안 되는 것이 때론 더 좋은 일이다.

▸ 실수 등으로 수치심을 느낄 때
누구나 실수할 수 있다.
모두가 내 실수를 기억하지 않는다.
사람들은 생각보다 남의 일에 관심이 없다.

▸ 내 능력의 한계를 느낄 때
나는 모든 걸 다 잘할 수 없다.

나 혼자 다 할 수 없다.

모든 사람에게 인정받을 필요는 없다.

- 관계 속에서 갈등이 있을 때

  내 생각이 틀릴 수 있다.

  상대가 틀린 것이 아니라 나와 다른 것이다.

  모든 사람이 나에게 호의적인 것은 아니며 그럴 필요도 없다.

- 힘든 감정으로 마음이 괴로울 때

  지금의 감정이 영원하지 않다.

  좋은 일도, 나쁜 일도 다 지나간다.

  다른 사람들도 나와 비슷한 스트레스를 갖고 있다.

  성장통이 있다는 것은 내가 성장하고 있다는 증거다.

시간관리

대학에 입학하면 하고 싶었던 일이 많았는데 아무것도 못하고 있습니다. 겨우 수업만 듣는 정도인거 같아요. 특별히 노는 것도 아닌 거 같은데 시간에 쫓기고, 과제도 늘 밀려 대충하거나 제때 제출하지 못하는 경우가 허다합니다. 이런 자신이 너무 싫은데 그렇다고 고등학교 때처럼 과제에 매달려 공부만 하는 건 싫고, 대학 생활도 즐기며 공부하고 싶은데 방법이 없나요?

왜 이렇게 시간이 없지요?

대학에 입학하면 한 학기에 보통 15~19학점을 수강하게 된다. 즉, 1주일에 수업이 대략 15~19시간 있는 것이니, 나머지 시간에 대단히 많은 일을 할 수 있을 것 같은데 실상은 그렇지 못하다.

대학생들의 하루 일과를 보면 보통 10시~11시경에 수업 시작하여 공강에는 동아리 방이나 카페에서 시간을 보내다가 3

시~5시경 수업이 끝나게 된다. 그리고 저녁에 동아리, 과, 선후배 모임을 하고 집에 가면 밤 12시. 기숙사에 있는 경우가 아니면 대부분 고등학교 때 보다 통학시간이 길어지니 아침에 나가 밤 12시에 집에 들어왔지만 과제나 공부할 시간도 없이 하루가 가고 몸은 늘 피곤하기 일쑤이다.

고등학교 때는 8시경 등교하여 밤 10시(때로는 12시) 야간 자율학습까지 주로 공부를 해야 했기 때문에 특별히 시간을 관리하지 않아도 되었다. 그러나 대학에서는 시간 관리를 잘하지 않으면 자율적인 활동을 위한 자신만의 시간을 확보하기가 매우 어렵다.

그래서 시간 관리는 대학 신입생들이 가장 많이 고민하는 문제 중의 하나이며, 더 나아가 인생 전반에서 가장 중요한 이슈의 하나이다. 시간관리에 대해 충분히 고민하고 모두에게 공평하고 일정하게 주어지는 시간을 어떻게 우선순위에 따라 잘 관리하는가에 따라 인생의 성패가 나뉜다고 해도 과언이 아니기 때문이다. 시중에 시간 관리에 관한 책이 무수히 많은 것도 그런 이유일 것이다.

시간 관리에 관한 상세한 내용은 관련 서적을 참고하도록 하고 여기에서는 간단한 원칙만 정리해 보자.

시간관리를 위한 기본 지침

- **자신의 시간 사용을 2~3주 정도 30분 단위로 메모하여 분석하라.**

자신이 어디에 시간을 많이 쓰는지, 불필요한 사용은 없는지 확인할 수 있다. 의외로 스마트폰, 게임, 의미 없는 잡담에 상당히 많은 시간을 사용하고 있다는 것을 발견하고 놀랄 것이다.

- **학기별, 월별로 달성해야 할 목표를 기록하고 월별 스케줄 표를 작성하라.**

전체 스케줄을 정리하지 않으면 과제를 깜박하여 급하게 대충 제출하거나, 선배와의 약속을 잊어버려 신뢰를 잃어버리게 된다. 학기별 목표에 따라 월별로 달성해야 할 내용을 정하고 필요한 시간을 예측해 보자. 그리고 월별 스케줄을 보고 어떻게 시간을 분배할지 고민을 해야 한다. 절대적으로 시간이 부족하다면 우선순위를 정해 포기해야 할 것은 과감히 포기하자. No! 라고 말할 수 있는 용기는 시간 관리에도 필수적이다.

- **다 중요한 것 같아서 포기하기가 어려울 때는 분류를 하라.**

중요한 것과 덜 중요한 것, 급한 것과 덜 급한 것, 지금 아니면 기회가 없는 것과 다음 기회에 해도 되는 것 등으로 분류를 하다 보면 포기할 수 있는 것이 나오고 마음이 좀 편해질 것이다.

• 매일의 계획을 세우고 점검하라.

월별 목표와 스케줄이 있으면 하루에 해야 할 일을 쉽게 우선순위를 정하여 기록할 수 있다. 하루를 마감하면서 한 일과 하지 못한 일을 점검하고, 하지 못한 이유를 분석해 본다. 너무 무리한 계획이었는지, 하루의 시간관리가 잘못되었던 건 아닌지를 점검한다. 피드백을 통해 조정하고 반영하는 것을 반복하다 보면 덜 중요한 일은 줄여지면서 점차 안정적인 시간관리가 가능해진다.

• 습관이 될 때까지 포기하지 말고 계속하라.

작심하고 3일 만에 포기한 적이 많을 것이다. 그렇다면 매일 작심을 하자. 어떤 일이 습관이 되려면 66일의 반복이 필요하다고 한다. 아무리 피곤해도 잠자기 전 이를 닦는 것이 자연스러운 습관이 된 것처럼 자신이 계획한 시간관리가 자연스럽게 될 때까지 매일 작심하며 반복해 보라. 스스로 통제하고 절제할 수 있는 자신에게 감탄하게 되고 만족스러운 대학생활, 만족스러운 삶을 만들어 갈 수 있을 것이다.

• 플래너나 스마트폰 앱 등을 효과적으로 활용하라.

계획한 목표를 달성할 수 있도록 시간 관리를 도와줄 도구들을 적극 활용하자. 머리로 생각만 하기보다는 기록하고 눈으로 보는 것이 실천 가능성이 더 높다고 한다. 지금 당장 실천해보자!

• **시간관리 앱**

스터디매니저

Timelog Lite

네이버 캘린더

공강, 자투리 시간 활용

시간 관리를 잘하려면 먼저 공강을 잘 활용하는 것이 중요하다. 공강을 없애기 위해 시간표를 별로 원하지 않는 과목으로 무리하게 채우는 학생들이 있는데 바람직하지 않은 모습이다. 공강이 없다고 해서 시간을 효율적으로 사용할 수 있는 것이 아니다. 공강을 잘 이용하면 훨씬 효율적이고 멋진 하루가 될 수 있다.

〈시간관리를 위한 기본지침〉에 따라 월별 스케줄과 하루 할 일들이 정해지면 공강 시간에 해야 할 일들을 잘 분배하여 활용할 수 있다.

짧은 공강에는 오래 집중하지 않아도 될 간단한 과제나 다음 수업을 위해 교재를 훑어보는 일 등을 할 수 있을 것이다. 3시간 정도의 긴 시간이 있다면 도서관에 가서 차분히 주요 과목의 수업내용을 복습하고 관련 자료를 찾아보며 정리하는 시간을 가질 수 있다. 또한 대학은 다양한 특강 프로그램이 많으니 유명인사 초청 특강이나 각종 설명회에 참석해 볼 수 있다. 도서관에서 신문, 잡지, 영화를 보며 시간을 보내거나, 체력관리를 위해 학교 헬스장에서 운동을 해도 좋다.

수업이 없는 날에는 일주일 동안 밀린 학업이나 활동이 있다면 차근차근 정리하고, 여유가 있으면 박물관이나 공원 등을 다니며 머리도 식히고 색다른 체험을 할 수 있을 것이다.

대학은 통학시간이 보통 1시간 이상 걸리는 경우가 많은데 이 시간을 잘 활용한다면 자투리 시간의 멋진 완성이 될 수 있다. 스마트폰으로 카톡이나 게임을 하며 시간을 보내기보다는 어학공부를 하거나, 각종 공지를 확인하고, 스케줄을 정리하는 시간으로 이용하면 좋지 않을까?

방학 계획

방학을 보내고 개강을 했는데 허탈하기 그지없습니다. 아무도 간섭하지 않으니 맘 편히 늦잠자고, 일어나면 TV 좀 보다가 동네 친구만나 게임하고 술 마시다 새벽에 들어와 자는 일이 반복되었습니다. 그러다 보니 부모님 눈치가 보여서 중간에 아르바이트를 해서 용돈도 좀 벌고 대학 친구들과 MT도 한두 번 가긴 했습니다. 그럭저럭 방학이 끝났는데 몸도 정신도 피폐해진 느낌입니다. 이건 아닌 것 같아 다음 방학엔 계절학기라도 수강해야 하나 고민 중입니다.

방학은 대학의 꽃이라고 말할 수 있다. 대학의 학사일정은 보통 한 학기가 16주, 방학이 약 10주이다. 이 얼마나 환상적인가? 방학은 그야말로 자신이 하고 싶었던 일, 해야 할 일을 마음껏 해볼 수 있는 기간이며, 사회에 나가기 전 진로를 찾아 준비하는 기간으로 꼭 필요한 시간이다. 하고싶은 일이 무엇인지 모른다면 그것부터 고민하고 탐색하는 시간이 될 수 있다.

그런데 대부분의 학생들은 이 귀한 시간을 늦잠자고 게임하고 친구 만나고 적당히 아르바이트하며 보내곤 한다. 그래서 부모님들은 '대학이 등록금도 비싼데 방학은 왜 이리 길지?'라고 푸념하시기도 한다. 평생을 준비하는 기회의 시간에 남들이 하는 대로 자신에겐 의미 없는 스펙 쌓기만 한다면 얼마나 안타까운 일인가? 대학 졸업 전 꼭 하고 싶은 일, 꼭 해야 할 일 등의 버킷 리스트를 만들어 보고 그것을 중심으로 대학생활 중 각 여름/겨울 방학을 어떻게 보내야 할지 중·단기 계획을 세워보자.

뭘 할지 모르겠다면 시간이 허락되는 대로 많은 책을 읽어 볼 것을 권한다. 책은 가만히 앉아서도 다양한 경험과 사고를 할 수 있는 매우 유용한 도구이다. 중국 당나라의 시인 두보는 '사람은 모름지기 다섯 수레의 책을 읽어야 한다'고 하지 않았는가? 그 외에 영어 유창하게 하기, 유럽 배낭여행하기, 국토순례하기, 동아리 회장하기, 학점 4.0 이상 받기, 교환학생 떠나기, 해외 봉사활동 참여하기, 2가지 이상 직업 경험해보기 등을 계획해 볼 수 있다.

2013년 [대학내일20대연구소]에서 전국 남녀 대학생 500명을 대상으로 한 대학생 방학 이용실태조사 결과에 의하면 방학계획을 미리 세운 학생들이 그렇지 않은 학생들에 비해 방학을 효과적으로 잘 보낸 것으로 나타났다. 중·단기 목표에 따라 매 방학마다의 세부 실행계획을 구체적으로 적어 보자.

그리고 바로 이번 방학부터 실천해보라! 졸업식장에서 입학 때보다 훨씬 멋지게 성장한 자신을 기분좋게 만날 수 있을 것이다.

▸ **방학을 의미 있게 보낸 사례**

〈사례 1〉 방학 동안 등록금의 일부라도 벌어야 해서 아르바이트를 찾던 중에 학교에서 근로장학생으로 일하게 되었어요. 매일 학교에 출근을 해야 하니 힘들긴 했지만 학교 일도 배우게 되었고 틈틈이 영어공부도 해서 토익 점수도 획득했어요. 집에 있었더라면 늦잠자고 책상에 한번 앉기가 힘들었을 거예요. 학교에서 일하니 많이 힘들지도 않고 규칙적으로 생활하게 되어 공부도 할 수 있었고 도서관에서 책도 많이 빌려볼 수 있었어요.

〈사례 2〉 해외봉사를 다녀왔습니다. 저희 집은 농촌 시골마을인데 전 꼭 외국에 가보고 싶었습니다. 그런데 해외여행은 비용이 많이 드니까 이번엔 기업체에서 지원해주는 해외봉사를 신청해 보기로 했지요. 4월경부터 계속 인터넷에서 찾아 10여 군데 지원했는데 고학년을 주로 선발하는지 다 떨어지고 겨우 한 곳에 합격을 했습니다. 학교 과제를 하면서 여기저기 원서 쓰고 또 면접까지 준비하자니 여간 복잡한 게 아니었지만 지금 돌이켜 보니 정말 제겐 평생 잊을 수 없는 시간을 보낸 거 같아요. 저는 베트남을 다녀왔는데 준비하는 시간부터 그곳에서의 일정도 빡빡하고 잠자리나 모든 것도 편치 않았지만 어려운 지구촌 이웃과 넓은 세상에 눈을 뜨게 되었어요.

〈사례 3〉 어떨 결에 기말고사를 보고 방학을 했는데 아무 계획이 없었어요. 빈둥빈둥 몇 주를 보내다가 책을 읽어보기로 작정했어요. 1학기 수업을 하면서 제가 참 무식하다는 생각을 많이 했거든요. 고등학생, 대학생 추천도서들을 찾아보고 나름대로 30권의 목록을 만들었어요. 그리고 공공 도서관을 찾아가 책을 빌려 읽기 시작했는데 처음에는 재미도 없고 속도가 나지 않았는데 점점 재미있어지고 속도도 나더라고요. 미래학 관련 책을 읽으면서 제 진로도 다시 생각해보게 되었어요.

〈사례 4〉 제주도 국토대장정을 다녀왔습니다. 주변에서 '죽음의 길이다', '왜 고생을 사서 하느냐' 라며 말리기도 했고 출발 전 물통, 침낭, 모자, 우의 등을 받고 보니 겁이 나기도 했습니다. 그러나 몸을 움직이며 나 자신과의 싸움을 해보고 싶다는 오기도 있어 긴장감으로 시작을 했습니다. 결론은 대 만족! 물론 땡볕 아래서 걷고 또 걷는 무시무시한 코스였습니다. 저 혼자서는 도저히 할 수 없는 일이었을 텐데 함께하는 팀이 있어 가능했던 것 같습니다. 우리 조원들과는 전우애 같은 끈끈한 관계가 형성되었고, 무엇보다 그 일을 해낸 저 자신이 너무 기특하고 이제 뭐든 할 수 있다는 자신감도 생겼습니다.

〈사례 5〉 일반물리학 복습과 예습을 했어요. 기계공학과에 입학했지만 수능에 물리 과목을 선택하지 않아 물리 기초가 충분하지 않았어요. 그런 상태에서 지난 학기에 물리학 수업을 수강하려니 너무 힘들고 답답했어요. 친구들의 도움으로 과제도 하고 기출문제를 외우다시피 하여 성적은 그런대로 나왔지만 이런 상태로는 전공공부를 할 수 없겠다는 생각이 들었어요. 고등학교 교과서부터 다시 보고 EBS강의와 대학 온라인강의를 들으면서 복습을 하고, 2학기 심화 과정도 예습을 했어요. 다른 친구들처럼 멋진 추억을 만들지는 못했지만 대학 학업에 자신감이 생겼고 2학기 수업이 기다려집니다.

04 병역의무

대학 입학하고 마음껏 자유를 누리고 싶어 친구들과 어울려 다니다 보니 1학기 성적이 매우 저조하게 나왔습니다. 부모님이 흥분하시며 군대를 다녀와야 철이 나겠다며 2학기 휴학하고 군 입대를 하라고 하십니다. 저는 아직 아무런 마음의 준비가 되어 있지 않은데, 다음 학기에 군 입대를 하겠다는 친구들을 보면 빨리 다녀와야 할 것 같기도 하고, 지금의 자유를 더 누려보고도 싶고 어떻게 해야 할지 모르겠습니다.

군 입대 시기

우리나라 남자라면 피할 수 없는 것이 병역문제이다. 18세 이상의 건강한 대한민국 국민인 남자는 병역의무를 이행해야 하기 때문이다. 그래서 남학생들은 대학 입학이 결정되면 그 다음으로 언제, 어떻게 병역 의무를 이행해야 하나 고민을 시작하게 된다.

'편하게 병역의무를 마치는 방법은 없을까?', '최대한 미뤄볼까?' 여러 가지 고민을 하지만 요즘은 복무기간도 육군 현역의 경우 21개월로 예전에 비해 짧아져서인지 1학년을 마치고 바로 군입대를 하는 경우가 많은 것 같다. '매도 먼저 맞아야 낫다'는 속담처럼 하루라도 젊었을 때 힘든 일을 끝내자는 마음도 있고, 부모님들은 대학에 입학해서 아무 생각없이 놀기만 하는 것처럼 보이는 아들이 군 입대를 계기로 보다 생활이 규칙적으로 되기를 바라는 마음으로 일찍 다녀오기를 권하기도 하신다.

전공 공부를 본격적으로 시작하는 2학년에 진학하기 전에 군 복무를 마치는 것도 하나의 방법이고, 한 학기나 1년 정도 전공 공부를 시작해 본 후에 관련 분야를 찾아 군 복무를 할 수도 있다. 고시나 대학원을 마치고 관련 대체복무를 하는 방법도 있다.

여러 가지 여건과 진로 등을 고려하여 입대시기를 결정하고, 원하는 시기에 입대하기 위해서는 미리 관련 정보를 찾아보고 지원 하도록 하자.

병역의무 이행 방법

자신의 진로와 특기 등을 고려하여 병역의무도 다양한 방법으로 이행할 수 있다. 특기에 따라 통역병, 통신병, 조리병 등으로 이행할 수 있고, 박사과정까지 계속 공부할 이공계 학생들은 전문연구요원으로 대체복무를 할 수도 있다.

징병검사와 의무이행의 기본적인 사항은 〈표〉와 같다. 최근 병무청에서는 최대한 지원자의 요구를 수용하고자 〈병역맞춤-e〉 서비스를 시행하고 있고 〈군지원(모병)센터〉에서는 e-book으로 복무 분야별 특징을 자세히 안내하고 있다. 대학생들이 관심을 많이 갖고 있는 카투사 모집은 병무청 홈페이지의 공지를 참고하고, ROTC, 의무경찰 등은 관련 홈페이지를 방문하여 정보를 얻도록 하자.

〈표〉 징병검사 및 병역 이행 개요

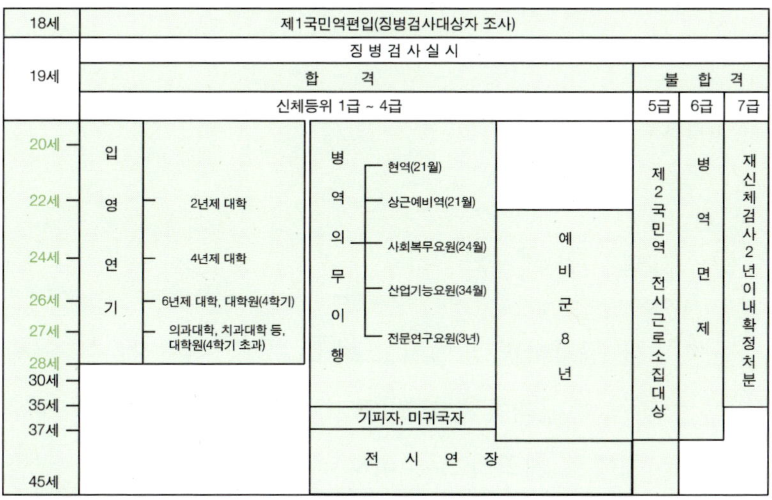

출처; 병무청

각 기관의 온라인 서비스를 통해 관련 정보를 충분히 습득하고, 필요하다면 온·오프 상담을 통해 입영시기, 희망 복무 분야 등을 결정할 수 있다. 단, 병역관련 사항은 수시로 변경

되는 부분이 있으니 반드시 병무청을 통해 최종 확인을 해야 함도 잊지 말자.

병무청 홈페이지: http://www.mma.go.kr

병무청 모병센터: http://www.mma.go.kr/kor/n_mobyung

서울지방병무청: hhttp://www.mma.go.kr/kor/l_seoul

* 학교에서는 학생처에서 학적관리를 하듯이 개인의 병적관리는 주민등록소재지의 지방병무청에서 관할한다.

ROTC: http://www.armyofficer.mil.kr

의무경찰: http://ap.police.go.kr/ap/main.do

의무소방원: http://www.nfsa.go.kr(중앙소방학교 공고안내 참조)

자연계대학원 전문연구요원: https://www.koita.or.kr

출처; 병무청

군 입대 전에 할 일

군 입대를 생각하면 두렵기도 하고 군 생활을 잘하기 위해 무엇을 어떻게 준비해야 할지 여러 가지로 걱정은 하지만 정작 군 입대를 제대로 계획하고 준비하는 학생은 많지 않은 것 같다. 막연히 군대 다녀오면 뭔가 달라지겠지, 일단 입대하고 보자는 생각으로 군 입대 전에 술집과 PC방을 전전하며 허망하게 보내는 경우가 종종 있다.

군에서도 통제된 환경 속에서 남에 의해 끌려 다니며 수동적으로 생활하게 되면 겉으로는 매우 규칙적인 생활을 하는 것 같고 긍정적인 변화가 있는 것 같지만, 제대를 하고 통제가 없는 일상으로 돌아오면 다시 입대 전의 습관과 생활방식으로 돌아오고 만다. 군 입대를 그저 도피처로만 생각하면 후회스러운 시간이 될 수 있으므로 군 입대도 미리 계획하고 준비하자. 그런다면 군복무 기간이 병역의무 이행을 위해 낭비되는 시간이 아닌, 더 멀리 뛰기 위해 준비하는 인생의 터닝 포인트가 될 것이다.

군 입대하여 육체적으로 고된 훈련을 잘 이겨내기 위해 무엇보다도 건강관리와 체력관리를 잘 해두는 것이 필요하다. 신체적으로 약한 부분이 있다면 할 수 있는 대로 치료를 하고, 축구나 줄넘기 등 형편에 따라 꾸준히 운동을 하도록 하자.

또한 학생이라면 성적관리를 해 두어야 제대 후 후회가 남지 않을 것이다. 군 제대 후 자신을 기다리는 것이 다시 관리해야 할 성적표라면 얼마나 마음이 무겁겠는가? 홀가분한 마음으로 다녀오기 위해 기본적인 학업관리는 필수적이다.

무엇보다 군 생활 중 힘들고 어려울 때 머리 속에 떠올리거나, 휴가기간 동안 만날 수 있는 좋은 친구들이 있다면 큰 위로가 되고, 군 생활도 더욱 활력이 있을 것이다. 그러므로 좋은 관계를 만들어 두는 것은 좋은 재산이 된다. 친구뿐 아니라 너무 가까워서 소홀하기 쉬웠던 부모, 형제와도 진솔하고 깊은 대화를 하여 따뜻한 관계를 형성해둔다면 가족들도 좀 더 안심이 되고 서로에게 든든한 힘이 될 것이다.

제 3 장

대인관계

1) 새내기의 대인관계
   - 교우관계
   - 이성관계
   - 교수님과의 관계
   - 교직원과의 관계
   - 부모님과의 관계

2) 새내기의 공동체 활동

3) 대인관계 기술
   - 일곱 가지 핵심 대인기술

01 새내기의 대인관계

고등학교 때까지는 학교를 중심으로 친구, 담임선생님, 부모형제로 그 관계망이 매우 좁고, 아직 심리적으로 독립하지 못하여 어른의 통제를 받는다. 그러나 대학생 시기는 청소년기에서 성년기로 접어드는 시기로서 자유와 자율의 이름 아래 대인관계에서도 여러 양적, 질적 변화가 일어난다. 실제로 대학생들은 다양한 활동을 통해 많은 사람들과 적극적으로 관계를 맺고 인맥을 넓혀나가는데, 특히 새내기들에게 매일매일 새로운 사람들을 만나고 사교하며 친밀한 관계를 발전시키는 일은 가슴 설레고 뿌듯한 일이다. 또한 이들은 이렇게 형성된 관계를 유지하기 위해 시간과 노력을 아끼지 않는다. 그러나 모든 관계맺기가 그렇듯 좌절과 갈등이 있게 마련이고, 이런 어려움을 경험하고 극복하는 과정에서 새내기들은 대인관계의 기술을 익히고 온전한 성인으로 성장하게 된다. 새내기 대학생의 대인관계에서 가장 중요한 교우관계를 중심으로 이성관계, 교수님과의 관계, 교직원과의 관계, 부모님과의 관계에서 실제로 발생하는 다양한 문제사항 그리고 학생들의 어려움을 살펴보자.

교우관계

• 대학에서의 인간관계 정말 피상적이고 이기적인가?

대학에 들어와서 저는 '가족 같은 공동체' 또는 '피를 나눈 친구'와 같이 서로 밀접하면서도 끈끈한 유대관계를 원했는데, 생각과는 달리 학우들이 하나같이 이기적이면서 나를 이용하는 것 같은 느낌마저 들어요. 앞에서는 친한 척하고 잘 대해주는 것 같은데 돌아서면 자기 것은 영악하게 다 챙기는 동료나 선배들을 보면 밉기까지 합니다. 정말 대학에서의 대인관계는 이렇듯 다 피상적이고 이기적인가요?

고등학교 때까지 같은 지역, 같은 환경 속에서 입시라는 공통의 목표를 가지고 교실에서 함께 고민하고 경쟁, 협력하던 친구들에게는 뭔지 모를 동질성과 연대감, 끈끈함이 있을 것이다. 그러나 대학사회는 다양한 학생들이 모인 이질적이면서도 동적인 집단이다. 그런데 많은 학생들이 대학에 와서도 소규모의 동질적이고 배타적인 모임을 통해 심리적 안정감을 찾으려는 성향이 있다. 학생 스스로 다양성을 인정하고 존중하며 서로 타협할 줄 아는 관계로 변화할 줄 아는 능력이 필요하다.

대학에서의 인간관계는 가족적이고 희생적이고 이타적인 관계가 아니라 각 학생의 관심과 개인적 목적, 목표에 따라 새로운 관계들을 만들어가는 합리적 관계임을 이해해야 한다.

• 처음 만난 사람들 앞에 서면 얼음땡이 되요.

제 고민은 사람들에게 선뜻 말을 못 건넨다는 것입니다. 소심하고 내성적이어서 여러 명이 같이 있을 때 시선 처리를 어떻게 해야 하는지도 모르겠고 편안하지가 않아요. 모임이라도 한번 있으면 조마조마하고 '가서 어쩌지.' 하고 한참을 걱정합니다. 대학에 왔으니 좀 변해봐야겠다는 생각으로 '그냥 가면 뭐라도 되겠지' 하는 심정으로 개강총회, 과엠티, 동아리엠티, 여러 술자리 모두 참석했습니다. 이렇게 무조건 사람을 만나야겠다는 생각으로 최대한 많은 모임에 참석하였지만 주위에서 "왜 말이 없니", "카톡도 안보니" 라는 말을 들어 기분도 안 좋고 제 노력의 한계를 느낍니다.

보통 소심하고 내향적인 사람은 낯선 환경, 낯선 사람들과 만날 때 불편함을 느낀다. 활달하고 외향적인 성격의 학생들이 학교생활뿐 아니라 사회생활에 유리해 보이는 것이 사실이다. 그래서 대학에 들어가면 성격을 바꾸겠다고 결심하지만, DNA에 있는 내성적 성격을 후천적으로 외향성으로 바꾸기란 여간 어려운 일이 아니다. 남의 옷을 입은 듯 불편하기 때문이다. 소심한 성격이 본래 새로운 환경에 적응하기가 좀 더 어려운 편이긴 하지만, 자신의 성격을 있는 그대로 인정하는 태도도 필요해 보인다.

사실 처음 만난 사람들과의 자리에서 대화를 리드하고 분위기를 업 시키고 재미있게 해야 호감을 주는 것은 아니다. 상대방의 이야기에 진심으로 귀를 기울이고 시의적절한 피드백을 하는 것만으로도 충분히 호감을 얻어낼 수 있다. 이 파트의 마지막 부분에 있는 〈일곱 가지 핵심 대인기술〉을 이용하여 대학 4년을 다니는 동안 관련 스킬을 연마해보자.

• 선배에게 어떻게 다가가야 할까? 특히 나보다 나이 어린 선배라면?

삼수를 해서 대학에 왔고 새로운 사람들을 많이 만나고 사귀고 싶었습니다. 특히 좋은 선배를 만나 대학생활에 관한 조언을 얻고 싶은데 선배들을 사귀는 것이 어렵습니다. 삼수를 해서 나이가 많은데, 외모마저 어려 보여 선배들이 처음에는 새내기인 줄 알고 반말을 했다가 자신보다 나이가 많은 걸 알면 불편해하고 호칭을 다시 바꾸는 것도 어색해 합니다. 선배들과 잘 지낼 수 있을까요?

선배는 대학생활을 하는 데 아주 유용한 팁을 줄 수 있는 매우 소중한 존재이다. 특히 한 학번 위의 선배라면 그 정보는 더욱 생생하다. 선배와 친해지기 위해서는 일단 과방이나 동아리방에 자주 얼굴을 내밀어 자신을 알리고 모임에 적극적으로 참여하여 친밀감의 토대를 마련해야 한다.

그런데 그 선배가 나보다 나이 어린 선배라면 어떻게 대해야 할까? 재수, 삼수가 흔한 요즈음 이런 일은 비일비재하다. 대학교의 선후배 관계는 일단은 나이보다는 학번순이다. 먼저 입학한 사람이 선배다. 그렇지만 나이 어린 선배는 대개 나이 많은 후배를 배려하는 편이다. 그러므로 나보다 나이 어린 선배가 있다면 자신이 나이 많은 후배임을 알리고, 동시에 선배에게 걸맞는 예의를 깍듯하게 지켜야 한다. 그렇게 어느 정도 시간이 흐른 후 서로 친밀감이 형성되면 선배가 말을 놓으라고 하는 순간이 올 것이고, 서로 친구가 될 수 있다. 대학교에서의 친구관계는 동년배에 한정되지 않으므로 상호존중하고 배려한다면 나이 차이는 크게 문제가 되지 않는다.

● 나이 많은 동기를 어떻게 대해야 할까?

고등학교 때까지는 동갑내기들만으로 친구관계를 만들지만, 대학교에 오면 달라진다. 재수, 삼수한 동기들, 군복무를 마치고 학교에 돌아온 복학생, 사회경험을 하다가 뒤늦게 입학한 만학도 등 나보다 나이 많은 동기를 만나게 된다. 물론 동갑인 동기들보다는 대하기가 좀 껄끄러울 수 있다. 존댓말을 해야 할지 반말을 해도 되는지, 이름을 불러도 되는지 판단이 어렵다.

일단은 존대를 하며 '형' 또는 '누나' 등으로 호칭하면서 어울려 가깝게 지내다 보면 존대가 더 이상 자연스럽지 않은 그런 때가 온다. 앞에서도 언급했듯이, 서로 존중하며 예의를 차리는 태도를 유지한다면 나이는 그다지 문제가 되지 않는다. 게다가 그들은 동갑내기 동기생들에 비해 사회경험이 많아서 뭔가 어른스럽고 배울 점도 많아 의지가 되기도 한다.

• 나보다 나이가 어린 동기들과 잘 지내려면?

재수하여 OO대학교 OO학과에 들어갔었는데, 더 좋은 학교에 지원해보기 위해 삼수를 하였고 본교에 입학할 수 있었습니다. 대학생활을 이미 경험해본 적도 있고 동기들 중 나이도 가장 많기 때문에 비록 과대표가 따로 있긴 하지만 동기생들에게 쓴소리와 조언을 하는 입장이 되었습니다. 나름대로 과대표를 도와 학과활동이 활성화되는 데 기여했다고 자부합니다. 그런데 동기생들이 저에게 책임감이 과하다는 평을 하며 약간 멀리하는 것이 느껴집니다. 이런 상황이 당황스럽고 부당하게 느껴집니다.

새내기 중에는 다른 대학교를 다니다가 반수하여 현재의 대학교에 새로 입학한 학생이 있다. 고등학교를 갓 졸업하고 입학한 동기생들에 비해 당연히 나이가 많다. 그런 학생들 가운데, 나이 어린 동기들에게 의지가 되어주는 바람직한 경우가 있는 반면, 멀리하고 싶은 형이나 누나가 되어 부담이 되는 경우도 있을 수 있다. 자신의 나이와 경험을 앞세워 동기들에게 하는 '쓴소리'와 '조언'이 잔소리가 될 수 있기 때문이다. 나이가 좀 많다는 이유로 동기생들에게 '잔소리'를 한다면 누가 좋아하겠는가? 수평적인 관계에서 동기생들을 바라보는 시각의 전환이 필요하다. 인간관계에서 '안전거리'를 침범하면 누구나 불편함을 느끼게 되어 있다.

• 주변 친구들을 보면 아는 선후배가 많은데, 저는 인맥이 너무 좁아요.

성격에 따라 많은 사람들을 사귀며 교제하는 것을 즐기는 사람이 있는 반면, 소수 몇 사람과 친밀한 관계를 유지하는 것을 좋아하는 사람이 있다. 전자는 넓고 얕은 관계망을 갖고 후자는 좁고 깊은 관계망을 갖게 되는데, 어느 것이 좋고 어느 것은 나쁘다고 할 수 있는 성질의 것이 아니다. 중요한 것은 '어떤 사람을 만나느냐'이다. 많은 사람을 만나고 교류하는 것이 중요한 것은 아니다. 예를 들어 내일 과제가 있어서 시간이 없다는데도 불구하고 술을 권하며 유혹하는 선배, 권위의식에 사로잡혀 후배들에게 고압적인 태도를 보이는 선배, 항상 주변에 대해 불평하는 후배, 성실성, 책임감, 신뢰성을 보이지 않는 동기들은 모두 함께 있어 편안하지도 않을뿐더러 나의 성장에 도움이 되지 않는 사람들이다. 필요한 인맥은 나를 성장시키고 키워주는, 태도, 행동 면에서 배울 점이 많은 인맥이다.

• 선배 말 듣다가 망했어요!

"1학년 때는 그냥 놀아도 돼.", "2학년 때 군대 갈 건데, 군대 가기 전까지 원 없이 놀아.", "공부 웬만큼 해도 학점 나와!", "F학점, 괜찮아. 재수강해서 메꾸면 돼." 고등학교 때와는 다른 여유로운 대학생활을 꿈꾸고 있는 새내기들에게 입학하자마자 선배가 이와 같이 말한다면 귀가 솔깃해지지 않을 수 없다. 원래 인간은 듣고 싶은 말만 골라서 듣는 법이다. 그렇지 않아도 1교시 9시 수업이 부담스럽고 과제 때문에 쫓기는 자신의 모습이 꿈에 그리던 대학생활이 아니어서 뭔지 혼란스럽고 실망을 느끼는 찰나, 선배의 이와 같은 달콤한 말은 위안이 되고 안심이 된다.

선배의 조언은 경우에 따라 매우 유용할 수 있다. 그러나 무조건 따라서는 안 된다. 조언을 비판적으로 받아들이는 자세가 필요하다. 결국 최종적으로 결정을 내리고 책임지는 것은 본인이니까. 게다가 학교의 학사제도는 해마다 바뀌는 것이 있어서 선배의 말이 더 이상 진실이 되지 못하는 경우가 있다. "선배가 그러던데…" 라는 변명은 말 그대로 변명일 뿐이다. 스스로 확인하고 문의하여 결정을 내리고 책임지는 자세가 필요하다.

● 점점 외톨이가 되어 가는 것 같아요.

학생들 가운데에는 대학 학우들과의 교제보다는 고등학교 친구나 동네 친구들과의 교제에 더 정성을 쏟는 학생들이 있다. 대학의 학우들과는 그냥 아는 사이로 인사만 할 뿐, 시간을 내서 방과 후에 밥을 먹거나 운동을 하는 등 교제하지 않는다. 또는 경쟁적인 학교(사회) 환경 속에서 학우들과의 사귐,

사교를 시간 낭비로 여겨 홀로 지내는 학생들도 있다. 이들은 공부에만 몰두하며 학교생활에 도무지 관심을 두지 않는다. 동아리 가입도 하지 않고, 학과 일에도 관여하지 않는다. 공부와 사회생활을 완전히 분리된 것으로 잘못 이해하고 있는 경우이다. 이렇게 되면 주변의 동기, 선후배 그 어느 누구도 그에게 신경쓰지 않게 되고, 그는 드넓은 캠퍼스에서 '익명의 상태'로 홀로 지내게 된다. 인맥이 넓고 복잡할 필요는 없지만, 대학생활을 함께 하며 의지할 수 있는 친구가 한 명은 꼭 필요하다. 사회적 연결망이 없는 고립된 외톨이 학생의 대학생활은 절대 만족스러울 수가 없다. 동아리, 학생회 등 다른 사람들과 교류할 수 있는 공동체의 장에 들어가서 다른 사람들과 마음을 나누는 노력이 필요하다. 그렇지 않으면 주변에 사람은 많아도 외로움을 느끼게 되어 있다.

• 주 중에는 친구들과 어울리지만, 주말에 자취방에 혼자 있으면 왠지 쓸쓸해요.

주위의 선후배, 동기들과 친밀한 관계 형성에 들이는 노력도 중요하지만, 자신을 되돌아보는 자아성찰의 고독한 시간도 필요한 법이다. 시간표가 제각기 다른 학우들과 언제나 항상 모든 일을 함께 도모하기는 사실상 불가능하다. 따라서 혼자 공강 시간을 보내고 홀로 점심을 먹고, 주말에 기숙사나 자취방에서 홀로 지내는 시간에 대해 개의치 않을 정도가 되어야 한다. 홀로 있는 시간을 견디고 더 나아가 즐길 줄 아는 내공을 쌓아야 한다.

이성관계

이성친구 사귀기는 대학생활의 가장 큰 로망 중 하나이다. 이성교제에 부모님의 감시 및 통제가 따랐던 고등학교 시절과는 달리 대학생의 이성교제는 허용이 된다. 성인 남자 대 여자로서 남성과 여성에 대해 서로를 알아보고 이해할 수 있는 좋은 기회이며, 나아가 장래 배우자를 탐색해볼 수 있는 기회이기도 하다. 그런데 이성에 대한 사랑의 감정은 매우 강렬하여 그동안 느낄 수 없었던 행복감을 주기도 하지만, 이별이라도 하게 되면 그 상처 또한 쓰라리고 사람을 한순간에 불행에 빠뜨린다. 모든 인간관계가 그렇듯 이성관계에서도 신중한 접근과 책임감 있는 태도가 필요하다.

• 캠퍼스 커플, 꼭 해보고 싶어요.

캠퍼스 커플, 흔히 말하는 CC는 새내기들이 대학 들어와서 가장 해보고 싶은 것 중의 하나이다. CC는 캠퍼스에서 매일 함께 공부하며 데이트를 즐길 수 있는 장점이 있는 반면, 만약 결별하게 되면 남보다 못한 사이가 되는 단점이 있다. 남학생과 여학생이 같은 캠퍼스에서 어울려 모임을 갖고 접촉하다 보면 상대 이성에 대해 잠시 잠깐 설레는 마음을 좋아하는 마음으로 착각하기 쉽고, 이런 착각으로 인해 쉽게 연인관계로 발전하고 헤어짐 또한 쉽게 발생하는 것 같다. 그런데 문제는 CC로 지내는 동안 다른 학우들과 관계가 소원해지고, 학우들은 그들끼리 이미 친밀해진 상태라 그들 사이에 끼어들기가 껄끄러워진다는 점이다. 또한 헤어진 전 남자친구 혹은 여자친구와 캠퍼스 내에서 계속 부딪쳐야 한다는 것도 커다란 부담으로 작용한다. 캠퍼스에서의 이성 사귀기에 조심스러운 접근이 필요한 이유이다.

• 이거 성희롱 아닌가요?

동아리 활동 후 선배들과 술자리를 갖게 되었는데, 제가 그 날 과음을 좀 하였습니다. 구토할 것 같아서 시원한 바람을 쐬려고 술집 밖에 나와 앉아 있었습니다. 그랬더니 남자 선배가 한 명 따라 나와서 구토를 도와주는 척하면서 제 등과 허리를 필요 이상으로 더듬거린다는 느낌을 받았습니다. 순간 매우 불쾌하였지만, 정신이 맑은 상태가 아니라 그냥 넘어가고 다음 날 이를 동아리에서 문제화하고, 그 선배에게 사과를 요구했습니다.

대학 내 성문제는 주로 M.T.나 새내기 배움터, 동아리 활동 후 술자리, 혹은 이성간 데이트 중에 일어난다. 불쾌감을 유발하는 성적 농담 및 음담패설, 외모에 대한 평가, 성적인 비유, 술을 따르게 하는 식의 성적 접촉이나 강간 등이 모두 성폭력에 해당한다. 대부분은 가해자가 남학생이고 여학생이 피해자가 되는데, 성에 대한 자기결정인식이 높은 요즈음에는 피해자들이 옛날처럼 쉬쉬하며 피해를 숨기지 않고 공론화한다. 따라서 무엇이 성희롱, 성폭력인지 올바로 인식하고 성평등 인식을 제고할 필요가 있다. 그리고 문제가 생겼을 때는 일단은 사적인 영역에서의 성인 대 성인 사이의 일이므로 당사자 간 해결을 최우선적으로 시도하고, 그것으로 해결이 안 될 때는 교내에 설치된 성평등센터를 방문하여 도움을 받도록 한다.

교수님과의 관계

새내기들에게 교수님은 전공분야의 전문가로서 매우 훌륭하신 분으로 보이긴 하지만 고등학교 때 선생님처럼 가까이 다가가기에는 여전히 어려운 존재이다. 게다가 선배의 말에 의하면 교수님들은 대학원생들에게는 신경을 쓰지만 학부생들에게는 그다지 신경 쓰지 않는다고 들었다. 정말 그럴까? 물론 교수님들은 일주일에 9~12시간 정도 학생을 가르치는 일 외에도 연구실이나 캠퍼스 밖에서 해야 하는 일들이 많아서 매우 바쁘다. 그러나 그분들 역시 새내기 시절이 있었고, 새내기들의 고민과 갈등을 잘 알고 있기 때문에 학생들이 원할 때 기꺼이 만남을 허락하신다. 만약 혼자 방문하기가 망설여진다면 2~3명이 함께 가는 것도 좋다.

• 교수님 연락처는 어디에서 어떻게 알 수 있을까요?

학기 중 수업시간을 이용하여 교수님과의 면담 약속 및 연락 방법을 미리 알아두어야 한다. 종강 후에는 교과목 교수님을 만나기가 쉽지 않다. 그리고 교수님과의 연락은 교내 이메일과 교내 연구실 전화번호를 기본으로 하는데, 이에 대한 정보가 없다면 학과 사무실에 문의하여 알아두는 것이 필요하다.

• 교수님과 면담하고 싶은데, 어떻게 해야 할지?

교수님이 연구실에 계시다는 것을 확인하였어도 선약 없이 불쑥 연구실을 찾는 것은 실례가 될 수 있다. 사전에 시간을 정하고 만나는 것이 가장 좋다. 수업이 끝난 후에 현장에서 직접 약속시간을 잡는 것이 가장 쉽고도 빠른 길이다. 이것이 여의치 않다면 이메일을 보내 용건을 간단히 적고 시간을 내줄 수 있는지 묻고, 학생이 약속 가능한 시간대를 몇 가지 제시하면, 교수님으로서도 자신의 스케줄을 참고하여 면담 일정을 잡기가 수월하실 것이다. 단, 이메일을 보낼 때 친구에게나 사용할 법한 용어를 사용하는 것은 피하도록 한다.

• 교수님께 전화로 상담하는 것은 어떤가요?

교수님과의 상담을 위해 교수 연구실로 전화하는 방법도 있겠지만, 통화 자체가 쉽지 않다. 왜냐하면 교수님들은 여러 다양한 교내외활동 때문에 연구실에만 계시지 않기 때문이다. 또한 통화에 성공했다 하더라도 잘 알지 못하는 학생이 불쑥 용건을 말했을 때 문제를 파악하는 데 한계가 있다. 학생들로서도 자신을 장황하게 소개하여야 하는 불편함이 따른다. 그럼에도 불구하고 전화 상담이 필요한 경우에는 오전 9시 이후부터 오후 6시 이전까지 전화통화를 시도하고, 당연히 주말이나 늦은 시간에는 연락하지 않아야 한다. 교수님의 개인 휴대폰번호로 전화하는 행동은 삼가는 것이 좋다. 휴대폰은 사적인 용도이기 때문에 교수님이 미리 번호를 공개하지 않은 이상은 사용하지 말자.

• 교수님과 미팅이 있어요. 혹시 주의점이 있을까요?

미팅 약속 시간을 정확하게 지키는 것이 기본이다. 학생 자신이 요청하여 이루어진 약속인데, 학생이 늦게 나타난다면 교수님이 불쾌감을 느낄 수 있을 뿐더러 학생도 좋은 인상을 남기기 어렵다. 부득이하게 약속을 취소해야 할 상황이 생긴다면 반드시 사전에 알리도록 한다. 이렇게 교수님의 연구실에 도착하면 가장 먼저 자신의 소속과 이름을 밝히도록 한다.

용건은 미리 정리해두고, 면담 시에는 핵심만 간결하고 명확하게 밝히도록 한다. 수업 내용에 대한 이해를 구하기 위한 것인지, 성적에 대한 것인지, 일반적인 학습에 대한 조언을 얻고자 함인지, 진로상담인지 등을 밝힌다. 면담을 시작하기 전에 "제가 질문하고 싶은 것을 모두 리스트에 정리해왔습니다"라고 말하면서 교수님의 조언을 받아 적는 모습까지 보인다면, 매우 진지하고 성실한 학생의 이미지를 남길 수 있을 것이다.

만약 자신의 문제가 여러 가지 사항이 혼재되어 명확하게 정리해 말하기 힘든 내용이라면 있는 그대로 이야기하고 대화를 시작하면 된다. 교수님이 학생의 이야기를 들으며 핵심을 파악하고 문제를 단순화해 줄 것이다.

• 교수님께 성적에 대한 이의를 제기하려면?

성적이의 신청은 객관적인 근거와 이유가 있을 때 하는 것이다. 학생 본인의 불성실함과 게으름으로 인한 결과에 대해 하는 것이 아니다. "장학금을 받아야 합니다. 성적을 올려주세요.", "졸업 전 취업이 되어서 수업에 출석하지 못하였습니다. 참작해주세요" 등 지극히 개인적인 이유로 이의신청을 해서는 안 된다.

교수님 측의 착오나 실수로 성적 오류가 생기는 경우도 있긴 하지만, 그리 빈번한 일은 아니다. 어찌 되었든 교수님이 주신 성적에 대한 이의 제기는 트집을 잡거나 따지려는 태도로 하여서는 안 된다. 최대한 긍정적으로, "다음 시험을 잘 볼 수 있도록 이번 시험 답안지에서 저의 문제점이 무엇인지 말씀해 주시면 고맙겠습니다." 또는 "에세이의 이 부분을 더 잘 쓰려면 어떻게 해야 합니까?" 등 예의를 갖추어 문의하는 것이 중요하다. 그렇다면 교수님은 기꺼이 학생에게 도움이 되는 조언을 아끼지 않을 것이고, 학생은 본인이 원하는 결과를 얻을 수 있을 것이다. 조금만 생각하고 계획한다면 교수님과의 미팅이 즐겁게 마무리될 수 있다.

• 추천서가 필요한데, 아는 교수님이 한 분도 없어요.

수업을 듣다 보면 좋은 인품이 느껴져 존경심이 절로 생기는 교수님이 있을 것이다. 이런 분들께 면담을 요청하여 전공, 진로, 인생에 대해 조언을 들어보면서 친분을 쌓으면, 장학금 신청 시, 졸업 이후 직장을 구할 때, 혹은 대학원 진학 시 추천서가 필요할 때 도움이 된다. 일면식도 없는 교수님께 추천서를 요청하는 것은 학생이나 교수 모두에게 곤혹스러운 일이다. 아는 교수님이 한 명도 없는 경우, 소속 학과 학과장님께 부탁하면 대개는 작성해 주신다.

교직원과의 관계

대학생의 대인관계에 교직원도 포함된다. 학업 외의 여러 행정적인 문제는 교직원에게 문의해야 하기 때문이다. 캠퍼스 내 행정 사무실에 전화했을 때 문의에 대한 즉각적인 답변을 얻기는 그리 쉬운 일이 아니다. 원하는 답변 대신 "OO로 전화해보세요"라는 대답을 듣기가 더 쉽다. 어떻게 해야 원하는 정보를 쉽게 얻을 수 있는지 알아보자.

• 어느 부서에서 무슨 일을 하는지 어떻게 알지요?

대학은 캠퍼스가 큰 경우 3만 명 이상의 학생이 재학하고, 이들의 학업과 대학생활을 지원하는 인력 및 조직도 매우 크고 방대하다. 누가 무엇을 하는지 알아내는 첫 번째 방법은 얻고자 하는 서비스에 대해 각 사무실의 웹사이트를 살펴보는 것이다. 대학의 홈페이지에서 행정 조직도를 살펴보면 각 조직의 업무 및 담당자의 연락처를 알 수 있다. 어떤 사무실에서 어떤 종류의 일을 처리하는지 알고 있다면, 관련 없는 부서에 무턱대로 전화하는 수고를 덜 수 있다.

• 문의에 대한 정확한 답변을 얻으려면?

질문이 명확하면 명확할수록 정보를 얻는 데 혼선을 줄일 수 있다. 이메일을 보내거나 전화를 하거나 직접 방문하기 이전에, 상대편의 입장이 되어 볼 필요가 있다. 내가 상대방 측이라면 이 질문을 과연 이해할 수 있을까 한번 자문해보라. 문제나 요구가 명확하게 전달이 안 되면 상대방 역시 문제의 핵심을 알아차리지 못할 것이고 당연히 정확한 답변을 얻어낼 수가 없다. 또한 질문 시 최대한 상냥하게 할 필요가 있다. 가는 말이 고아야 오는 말이 곱듯이, 학생의 태도가 불손하면 교직원도 역시 예의를 차리기가 어렵고, 학생은 원하는 서비스를 받을 기회를 놓칠 수 있다.

부모님과의 관계

대학생이 되면 부모님과의 관계에도 많은 변화가 생기고, 여러 문제점들이 발생한다. 대학생이 된 학생은 자유와 자율을 원하지만 부모님은 여전히 통제력을 행사하고자 한다. 또한 내가 가고자 하는 진로와 부모님이 원하는 진로가 다를 수 있다. 그러면 부모님과 갈등 관계에 놓일 수밖에 없다. 부모님과의 또 다른 문제는 특히 지방에서 올라온 학생의 경우에 부모님으로부터 심리적으로 독립하지 못해서 향수병에 걸리는 것이다.

• 부모님이 여전히 제 생활을 통제하시려고 해요.

고등학교 때까지 학생들은 부모님의 강력한 통제 하에 학교와 집만을 왔다갔다 하는 생활을 했지만, 대학에 오면 그럴 수가 없다. 자유를 누리고 싶고 그러다 보면 행동반경이 넓어지고 재정적 지출도 늘어나고, 술 먹고 늦게 귀가하는 상황이 벌어진다. 그런데 부모님이 제공하는 여러 심적, 물적 지원으로부터 벗어나지 못한 상태에서 통제는 거부함으로써 부모님과의 갈등이 불가피하게 발생한다. 특히 집에서 통학하는 학생들의 늦은 귀가는 매우 흔한 갈등 요인이다. 학생들로서는 부모님의 신뢰를 얻는 것이 가장 중요하다. 자유롭게 생활하지만 학업에 소홀하지 않다는 믿음을 주어야 하고, 안전하게 잘 있음을 아실 수 있도록 수시로 연락을 드리는 것도 좋은 방법이다. 그리고 소소한 용돈 정도는 스스로 조달하려 노력한다면 부모님이 신뢰를 보이지 않을까?

• 부모님이 원하는 진로와 내가 원하는 길이 달라요.

부모님이 살았던 세상과 현재 20대 초반의 학생들이 앞으로 살아갈 세상 사이에는 어쩔 수 없이 간극이 존재하는데, 부모님은 대개 그들의 경험에 근거해서 조언한다. 대개는 안정적인 직업의 방향으로 진로를 정하도록 바라는데, 때로 이런 조언이 구시대적일 수 있다. 세상은 이전 20년~30년에 비해 변하는 속도가 엄청나게 빨라지고 있고, 따라서 미래의 모습이 어떤 모습으로 변할지 예측이 쉽지 않다. 부모와 학생이 원하는 진로가 상이한 상황에서 부모님의 뜻과 자신의 뜻을 조화시켜 균형점을 발견하는 것이 바람직하다. 만약 부모의 만류로 가고 싶었던 길을 가지 못한다면, 그것에 대한 후회, 미련 또한 평생 지고가야 할 짐이 될 수 있다는 사실도 염두에 두어야 한다.

• 부모님이 그리워서 매주 고향에 가게 되요.

지방에서 올라와 학교 근처 원룸에 살고 있습니다. 고등학교까지 OO에서 가족들과 함께 살았고 통학을 했기 때문에 엄마와 사소하게 다투기는 했어도 이렇게까지 엄마가 그리울 줄 몰랐습니다. 엄마가 너무 보고 싶은데, 엄마가 오셔서 잘 곳도 없고 왕복 차비 비용도 많이 들고 제가 힘들어하는 걸 보면 엄마가 걱정하실까 봐 말도 못하겠습니다. 낮에는 친구들과 만나 즐겁고 동아리 선배도 잘 챙겨주어서 지낼 만합니다. 하지만 모든 모임이 끝난 후 혼자 방에 있으면 견딜 수 없을 정도로 외롭고 막막합니다.

타지에서 대학생활을 시작하는 새내기들은 생애 처음으로

부모님과 떨어져 낯선 곳, 낯선 사람들 틈에서 살아가야 하는 어려움을 겪는다. 고향에 대한 향수, 부모님에 대한 그리움으로 심적 고통을 겪는 경우이다. 일부 학생들은 왕복 10시간이 걸리는 고향을 주말마다 방문하거나 매일 4~5번씩 부모님과 전화통화를 함으로써 학업 및 생활에 지장을 초래하기도 한다. 대부분의 타지 새내기 학생들이 고향을 방문하는 첫 번째 기간은 개강 이후 8주차 중간시험이 끝난 직후이다. 그때까지 잘 참고 견뎌 학업에 전념하고 좋은 결과를 가지고 귀향하면 기쁨이 배가 될 것이다. 장기적으로는 부모님으로부터 심리적으로 독립하고 홀로서기를 해야 성공적으로 4년여의 대학생활을 마칠 수 있다.

02 새내기의 공동체 활동

합격한 후 학교에서 새로배움터에 참석하라는 연락을 받았지만, 워낙 학교가 멀기도 하고 집안일이 겹쳐서 가지 못하였습니다. 이런 상태로 개강을 맞이하였더니 학우들이 서로 친해져 있어서 저만 어색하게 수업을 들어야 했습니다. '그래도 친해질 수 있겠지'하고 기회를 엿보고 있지만 쉽지 않네요. '먼저 문자를 보내야 하나?', '보낸다면 뭐라고 말하지?', '이상하게 생각하진 않을까?', '만나게 되면 뭘 하지?', '아니 애초에 만나는 줄까?' 이렇게 고민하다 보면 그냥 포기하게 됩니다. 마치 20명의 사람들로 가득 찬 방에서 혼자 구석에 처박혀 있는 듯, 불편하고 무서운 느낌마저 듭니다.

고등학교 때는 오전 8시에 등교하면 오후 5시 하교할 때까지 같은 교실에서 반 학생들과 부대끼며 하루종일 함께 생활한다. 굳이 노력하지 않아도 나의 앞, 옆, 뒷자리의 학생들과 자연스럽게 친해질 수 있다. 그러나 대학교에 오면 상황이 완전히 달라진다. 각자 수강하는 과목이 다르고, 수강 시간표도 다르고 학업 외의 활동이 다양할 뿐 아니라, 캠퍼스 내에 자신의 고정 자리를 갖고 있지 않기 때문에 매일 또는 주기적으로, 고정적으로 만날 수 있는 학우를 찾기란 거의 불가능하다. '어느 곳에 언제 가면 누가 있는' 그런 상황이 만들어지지 않는다. 일단은 자주 만날 수 있어야 친밀감이 형성될 텐데, 대학의 특성상 이것부터 어려움이 따른다. 이런 점 때문에 대학 당국도 나름대로 새내기들에게 교우관계를 만들 수 있는 많은 기회를 제공한다. 그 대표적인 것이 '신입생 오리엔테이션', '새로배움터', MT 등이다. 또한 학생들도 학생회, 동아리, 학회, 스터디 그룹 등 자치적으로 공동체 활동을 할 수 있는 다양한 활동 기회를 만들어 공동체의식과 소속감, 유대감을 함양한다.

그러나 대학에서의 모든 활동은 학업까지 포함하여 철저히 학생 개인의 자유와 자율에 맡겨진다. 새내기의 인적 관계망 형성에 도움이 되는 이 모든 행사와 활동들도 본인이 적극적으로 참여하지 않는다면 그뿐이다. 적극적으로 참여하고 능동적으로 노력하는 자세가 매우 필요하다. 특히나 소심하고 내성적인 성격이어서 낯선 환경에 적응이 쉽지 않은 학생이라면 더더욱 사람들과 어울릴 수 있는 기회, 각종 행사, 체육회, MT 등은 무조건 참석하기를 권한다. 만약 '외톨이'가 되어 나 홀로 대학생활을 해야 하는 불행한 일이 벌어진다면, 캠퍼스 그 어디에도 나와 마음을 주고받을, 나를 반겨줄 친구가 없다면, 아파서 결석해도 염려해줄 동료가 없다면 그 얼마나 씁쓸한 일인가?

03 대인관계 기술

조별과제나 팀활동처럼 학업 때문에 반드시 해야 하는 활동 외에는 학우들과 좀처럼 어울리려고 하지 않는 학생들이 있다. 여러 가지 이유가 있겠지만, 관계를 맺는 데 불편함을 느끼는 경우일 것이다. 권석만 교수(2010)는 이를 '인간관계의 중요성을 인식하지 못하고 인간관계 형성에 무관심한 경우', '공부와 성취에 대한 과도한 집착으로 교제에 필요한 시간과 노력을 시간낭비로 여기는 경우', '인간관계에서의 높은 불안 수준으로 대인관계를 회피하는 경우', 그리고 '대인기술이 부족하여 따돌림을 당하는 경우'로 구분하고, 일곱 가지 핵심 대인기술을 소개한다.

이 기술을 갈고 닦아 대학교에 갓 입학한 새내기들이 폭 넓고 깊이 있는 인간관계를 형성, 유지하고, 만족스러운 대학생활을 영위하기를 바란다.

일곱 가지 핵심 대인기술

1. 경청

사람들은 말을 잘하는 사람보다는 자신의 이야기에 귀를 기울여 잘 들어주는 사람을 더 좋아한다. 달변의 기술보다는 경청의 기술이 더 중요한 이유다. 아이컨택을 하며 고개를 끄덕이고, 적절한 타이밍에 "그래", "맞아", "정말?" 같은 추임새를 넣거나, "그러니까 네 말은 ….라는 거지?", "그 다음은 어떻게 됐어?", "넌 어떻게 생각해?"와 같은 적절한 질문 등을 던지는 것은 상대방의 이야기에 집중하고 있음을 표시해 준다.

2. 공감

인간은 누구나 다른 사람으로부터 이해받고자 하는 깊은 욕구를 가지고 있다. 그래서 "그랬구나", "속상했겠구나", "당황스러웠겠네"와 같은 공감 반응을 보여 마음을 읽어주는 사람을 좋아하게 되고, 자신이 이해받았다고 생각할 때 위안을 얻는다.

3. 상대방을 지지하고 도와줌

상대방에 대한 호감, 인정, 칭찬, 격려, 지원, 위로, 도움을 표현하는 말과 행동은 매우 중요한 대인기술이다. 인간관계는 보상적일 때 발전한다. 서로를 지지하고 힘이 되어주면 좋은 친구가 된다. 나를 보면 환한 미소를 지으며 반기고, 내 이야기를 흥미롭게 잘 들어주고, 힘들 때 어깨를 두드리며 용기를 주며 나를 칭찬해주는 사람을 어떻게 좋아하지 않을 수 있는가? 마음이 괴로울 때 심리적인 위로와 지지를 보내는 사람만큼 소중한 사람이 없는 법이다.

4. 5:1의 법칙

긍정과 부정의 어휘가 상대방에게 미치는 영향은 현저하게 다르다. 심리학자들의 연구에 의하면, 비난은 칭찬보다 5배 이상의 강력한 영향을 미치며 인간관계를 소원하게 만든다고 한다. 그래서 한 번의 비난으로 상한 마음을 회복하기 위해서는 적어도 다섯 번 이상의 칭찬을 해주어야 한다고 하는데, 이것이 의사소통의 5:1의 법칙이다. 이런 이유로 위에서 살펴본 호감, 인정, 칭찬, 격려, 지원, 위로, 도움을 표현하는 말을 사용하여야 한다.

그럼에도 불구하고 상대방에 대한 부정적 감정이 생기는 상황에서 이를 지적해야만 한다면, "너 때문에…"와 같이 너로 시작하는 '너 화법'보다는 "나는…한데, 네가 …했음 좋겠어"처럼 나로 시작하는 '나 화법'으로 부드럽게 의견을 전달하는 것이 바람직하다.

5. 자신에 관해 적절하게 개방

오랫동안 자주 만났다고 인간관계가 깊어지는 것은 아니다. 인간관계가 진전되기 위해서는 자신을 공개하여 알리는 것이 우선적으로 중요하다. 그렇게 하면 상대방도 경계심을 풀고 자기 공개를 하게 되고 서로가 서로를 알고 깊이 이해하게 되면서 친밀감과 신뢰감이 형성된다.

그런데 자기 공개는 수위조절이 중요하다. 서로 탐색하며 조심스러워 하는 때에 갑작스럽게 너무 많은 정보를 공개하게 되면 상대방에게 같은 수준의 공개를 하여야 한다는 부담으로 작용하여 불편한 관계가 초래될 수 있다.

6. 유머 활용

유머가 있는 사람들은 곧잘 어색한 분위기를 띄워 긴장감을 풀어주고, 특히 처음 만난 사람들끼리의 불편한 자리를 편안하고 유쾌하게 만든다. 이렇게 유머러스한 사람에게 우리는 호감을 느끼고 그런 사람이 되고 싶어 한다. 유머가 의심할 여지없이 매우 훌륭한 대인 기술이기는 하지만, 그 사용은 상황을 고려하여 적절하여야 한다.

7. 인간관계의 갈등을 지혜롭게 해결

개성이 각기 다른 사람들이 모여 사는 관계 속에서 우리는 필연적으로 갈등과 마주하게 되고, 이로 인해 분노, 좌절, 실망을 경험하고 인간관계가 단절되기도 한다. 그런데 인간관계에서 겪는 대부분의 갈등은 객관적인 문제 그 자체보다 그와 관련된 불쾌한 감정이 주된 원인이다. 그러므로 부정적인 자극에 주의를 집중하지 않고 감정을 조절하여, 문제 그 자체에 초점을 맞추려는 노력이 필요하다. 갈등을 잘 해결하면 오히려 상호간 깊어진 이해를 바탕으로 인간관계가 더 깊어질 수 있다.

제 4 장

스마트한 학업관리: 수업

1) 성공적인 대학학업의 조건
- 변화된 학업환경
- 학습에 대한 관점 및 태도의 전환
- 자기주도 학습 전략

2) 대학의 교육과정
- 대학에서는 무엇을 배울까?
- 교양기초 교육과정은 왜 들어야 하는가?
- 교양기초 교육과정은 어떻게 구성되어 있나?

3) 강의선택과 학습법
- 교과목 선택하기
- 강의계획서 읽기
- 교과목 영역별 학습방법
- 수강과목철회

4) 강의듣기와 기록하기
- 강의듣기
- 강의기록의 일반적인 팁들
- 강의기록 활용하기

5) 책 읽기
- 적극적으로 책 읽기
- 교재정리

01 성공적인 대학학업의 조건

대학에 입학한 새내기들은 학업분야에서의 성공적인 대학생활을 기대할 것이다. 그러나 입시에서 벗어나 본격적으로 공부다운 공부를 해보며 지적으로, 정신적으로 더욱 성숙해지길 희망해보지만 막상 대학생활을 해보기 전에 대학에서의 학업을 예측하고 대비하기는 쉽지 않다.

성공적인 학업의 의미는 이전과 다른 새로운 학업환경에 잘 적응했다는 뜻이다. 대학에서의 성공적인 적응은 격변하는 환경 속에서 당면한 문제에 잘 대처하고 보다 쉽고 유연하게 해결하는 능력이 발휘되었음을 의미한다. 높은 학업성취도는 동기부여, 목표설정, 통합적 인지능력 등과 같은 다양한 학습전략(이지은, 2010)이 구사되었음을 보여준다. 대학에서 공부를 잘하려면 사전계획, 시간관리, 수업참여와 집중, 내용이해와 적용, 자기조절 등 학생 개인의 여러 가지 노력들이 필요하다.

대학의 학업은 '자기주도 학습'이 우선되어야 한다. 공부하는데 있어 지금까지는 '자기주도' 혹은 '책임'의 의미가 제한적이었지만, 대학에서 이러한 단어들이 갖는 의미는 한층 더 넓고 깊어진다. 우선 '주어진 교과내용'이 아닌 학생이 스스로 공부하고 싶은 학문분야나 교과목을 선택하여 '자발적'으로 배우고 익혀야 한다. 책임감과 함께 달라진 대학에서의 학업 환경에 어떻게 적응하느냐에 따라 새내기들은 대학 시절을 자신의 인생에서 가장 빛나게 성장하는 시기로 만들어갈 수 있다.

그렇다면 대학이라는 변화된 학업환경 속에서 학습에 대한 관점이 이전과 어떻게 달라야 하는지 알아본 후, 자기 주도적인 학습의 의미를 이해하고, 자신만의 학업규칙을 계획해보자.

변화된 학업환경

새내기들이 입학 후 경험하게 되는 학업환경의 변화는 크게 두 가지로 나눌 수 있다. 첫 번째는 수업시간, 수업규모처럼 물리적인 학업환경의 변화이다(권석만, 2010). 두 번째는 수업진행, 가르치는 방식, 평가방식과 같은 학업 내적인 환경의 변화이다(College Rules, 2011).

• 학업환경의 물리적 변화

수업시간. 대학의 한 학기는 대략 15~16주 정도이며 수업시간은 학점 수에 따라 1학점은 주당 1시간, 2학점은 2시간, 3학점은 3시간 정도로 보면 된다. 한 학기당 15학점~19학점까지 수강한다고 하면 일주일에 15시간~19시간 정도 수업이 있는 셈이다. 수업시간이 줄어들기 때문에 하루 종일 연달아 수업을 받는 경우는 거의 없다. 한 과목 때문에 학교에 나와야 할 때도 있고 한 수업을 마친 후 다음 시간까지 서너 시간을 기다리기도 한다. 수업시간의 변화로 학업을 위한 효율적인 시간분배와 활용이 필요할 것이다.

수업규모. 대학에서는 5명 정도의 소수 학생들만으로 수업이 이루어지거나 300명 이상의 학생들이 함께 수업을 듣기도 한다. 특히 대형 강의라면 스스로 집중할 수 있는 방법을 모색해야 한다.

• 학업 환경의 내적 변화

수업진행속도. 대학에서의 수업은 진행속도가 빠르다. 수업에서 한 학기동안 다루는 내용의 분량은 책 한권에서 서너 권이 될 수 있고 지난 몇 년에 걸쳐 배운 것을 단번에 나가기도 한다. 1학년들이 주로 듣는 입문과목들의 수업 분량은 더 빠르게 진행될 수도 있다. 수업의 속도가 빠르기 때문에 읽어야 할 교재의 분량도 많아진다. 적으면 몇 십 페이지에서 수업 중 교수가 읽으라고 한 참고서적까지 합하면 몇 백 페이지가 넘어갈 수도 있다. 읽어야 할 분량을 다 읽지 못하면 나중에 결과가 좋지 못할 수 있으며, 많은 양을 다 기억하는 것이 문제가 될 수 있다. 읽을 분량이 많을수록 논지 전개에 따라 핵심적인 주제와 핵심어를 파악하는 연습이 필수적이다.

수업방식. 고등학교 수업은 정해진 교과서 내용을 중심으로 진행되며 전달해야 할 내용을 건너뛰거나 다루지 않는 경우는 거의 없다. 그러나 대학의 수업에서는 배우고 있는 내용이 교재에 없는 경우도 있으며 교재의 내용조차 일일이 설명되지 않을 수 있다. 교수들은 내용 중 꼭 전달할 필요가 있는 부분만 언급하는 경우가 많으며 교재와 연관되기는 하나 수업에서는 다루지 않는 내용들도 학생들이 알고 있기를 기대할 수 있다. 일일이 설명하지 않았다고 해서, 직접 언급하지 않았다고 해서 중요하지 않은 것은 아니다. 이러한 내용들도 시험문제로 출제될 수 있기 때문이다.

평가방식. 대학에서는 시험이 적은 편이다. 한 학기에 한 번에서 두 번 정도 시험을 치른다. 시험이 적기 때문에 한 번의 시험에서 공부해야 할 양이 많아진다. 한 학기에 두 번의 시험도 아닌 기말에 단 한 번만 시험을 보는 경우는 공부해야 할 양을 계산하기 어려울 정도이다. 결국 시험범위가 계속 누적되어 교재 한 권 전체는 물론, 수업에서 한 학기 동안 배운 내용 전부를 시험 본다는 계산이 나온다. 성적산출의 기준도 수강하는 교과목별로 이루어지며 교수단위 상대평가가 대부분이다. 지적 능력이 거의 비슷한 수준의 학생들끼리 평가를 받게 되므로 누가 더 성실히 수업을 잘 준비하느냐에 따라 성적이 달라질 수 있다.

학습에 대한 관점 및 태도의 전환

대학은 새내기들에게 이전과 다르게 사고하고, 행동하고, 상황에 대처하라고 요구한다. 도대체 근본적으로 무엇이 달라졌다는 것인가? 한마디로 학문을 대하는 생각과 자세를 달리 해야 할 필요가 생겼다. 대학에서 해야 할 학업에 대한 자신의 생각을 새롭게 정리하다보면 이에 적합한 학습전략을 준비할 수 있을 것이다.

• 주어진 사실들을 넘어 이해의 지평을 확대하라

고등학교 때까지 학생들은 주어진 교과과정에 따라 공부하였다. 대학 이전까지의 교육과정은 사실에 기초한 분명하고 확고한 내용들, 혹은 표준지식으로 분류된 이론들을 배우도록 설계되었다고 보면 된다.

대학에 입학하면, 누구나 지식의 영역이 확대됨을 어렴풋이 자각한다. 수업에서는 확고한 지식 이외에도 지식의 '불확실한' 부분이 조명되고 '지식 그 자체', '사실 그 자체'가 다루어지기도 한다. 인류의 미래는 어디로 향해 가는지, 죽음이 무엇인지, 청년실업의 문제를 어떻게 해결해야 하는지, 유전자 조작의 결과는 어떠할지 등의 주제가 활발히 논의된다. '메타(meta)학'으로서 기능과 역할을 다양한 학문분야에서 경험하게 된다.

교수들은 자신의 학문분야에서 일반적인 사실이라고 믿어지는 것들을 재평가하고 비판한다. 기존 지식들의 체계를 분석하고 비판하며 분석의 결과물을 새롭게 적용하는 일은 실제 학문이 이루어져왔던 방식이다. 기존의 지식에 새로운 정보를 추가하면 관점이 달라진다. 학문은 이러한 관점의 변화를 지향한다.

고등학교 때까지 학생들은 공부란 주어진 사실을 암기하고 기억하는 일이라고 생각했을 것이다. 그래서 불확실한 것을 다루고 관점 차이를 인정하는데 익숙하지 않으며 더구나 사실들을 분석하고 적용하는 일은 학생들이 지금껏 해보지 못한 방법이다. 그런데 이런 학생들에게 대학의 수업은 다양한 이론들을 비교, 분석하고 비판적인 시각에서 재정립하거나 다른 대안을 찾아보라고 요구한다. 어쩌면 대학에 입학한 첫 학기부터 자신의 능력에 회의를 품거나 새로운 학습 유형에 혼란과 좌절을 경험할 수도 있다. 이와 반대로 고등학교 때부터 주어진 대로, 수동적으로 공부하는 것에서 벗어나고자 했던 학생들은 대학 학업에서 자신의 역량을 한껏 발휘할 수 있을 것이다.

• 주어진 것을 융합하고 새롭게 하라

실제로 많은 학생들이 "열심히 외우지 않아서 낮은 성적이 나왔다"라는 말을 자주한다. 어느 정도의 암기는 필수적이지만 암기는 학습의 한 방법일 뿐 전부가 아니다. 학습을 암기와 동일시하는 태도 이외에 고등학교 때까지 은연중에 가졌던 생각이 또 있다. 고등학교에서는 각 과목별로, 단원별로 배우며 배운 내용으로 시험을 치르고 지나간 단원은 다시 시험보지 않는다. 그러다보니 전에 배운 내용과 새로 배운 내용은 각기 다르게 남아있으며 어학, 수학, 역사, 사회, 화학, 물리학의 과목은 서로 관련없이 독립적인 것으로 생각할 수 있다. 다시 말해, 지식을 마치 원자나 분자처럼 서로 독립된 작은 정보체로 생각했을 수 있다.

대학의 수업에서, 교수들은 개념은 서로 관련되어 있으며 복잡하게 얽혀 있다고 가르친다. 학생들에게 각각의 개념이나 단편적으로 알고 있는 내용들을 종합화하고 연관성을 이끌어내라고 요구하기도 한다. 개념이나 내용들을 외우는 것보다 이들이 어떻게 서로 연결되는지가 훨씬 더 중요해진다. 더 나아가, 대학에서는 학문간 상호소통 및 통합을 추구한다. 역사, 철학, 과학, 기술, 예술이 서로 영향을 주고받으며 인문학과 과학을 통섭하고자 한다.

대학에 갓 입학한 학생들에게 학문간 융합과 통섭은 그 동안 가져왔던 학습에 대한 태도와 생각을 전환해야만 가능한 것이다. 부분적, 단편적으로 기억하고 암기하려는 학습태도는 하나의 현상을 다양하게 설명할 수 없다. 교수들은 고등학교와 같은 방식으로 지식을 전달하고자 하지 않고 다양한 관점으로 볼 것을, 이론들의 가설을 실험해볼 것을, 의미 속에 숨겨진 함축을 드러낼 것을 요구한다. 우리가 즐겨 쓰는 '창의성'이라는 단어는 융합과 새로운 시선을 의미한다.

자기주도 학습전략

앞서, 대학에서의 학업은 단순히 배운 내용을 정리하고 외우기보다 복합적으로, 통합적으로 사고하는 것을 기본으로 한다는 점을 강조하였다. 그렇다면 대학에서는 어떠한 학습관념과 태도를 갖추면 좋을까?

• 생각을 바꾸자

지식은 단순하거나 파편적이거나 확실한 것이 아니다. 오히려 지식은 복잡하고 종합적이며 불확실하다. 불확실한 부분을 더 잘 조명해야 하고, 문제를 해결하는 방식은 다양하다는 방향으로 생각을 달리해보자.

단편적이고 확실한 사실을 믿으려 하는 대신 다양한 관점을 받아들이고 여러 사람의 의견을 귀담아 듣는 열린 마음이 필요하다. 대학에서는 다른 사람의 관점을 듣는 것 뿐 아니라 그러한 관점이 생긴 이유나 결과를 평가하는 작업도 해야 한다.

• 학습패턴을 바꾸자

고등학교에서 했던 공부 방식을 그대로 유지하면 대학에서의 공부에 적응하기 힘들다. 우선 단순히 외우는 것이 아닌, 배운 내용들을 재배치하고 질문하는 과정을 통해 자신만의 연결고리를 만들고, 같이 수업을 듣는 친구들과 토론하여 내용의 연관관계를 만들어나가야 할 것이다. 지금까지는 공부가 곧 암기를 의미했다면 지금부터는 시간을 갖고 고민하는 자세를 취해야 한다. 책의 내용을 읽더라도 읽고 난 후 깊이 생각하고, 생각한 점을 기록해두자. 암기와 기억의 정확성 보다는 비판적인 관점, 통합적 사고 수준에서 문제를 바라보도록 하자. 강의를 들으면서 교수들이 학생에게 기대하는 사항이 무엇인지 항상 생각해보자. 교수가 요구하는 사고력의 수준에 어떻게 도달할 수 있을지 전략을 세워보자.

• 스스로 학업규칙을 세우고 실천하자

스스로 자신의 학업규칙을 세우고 실행하는 것은 어려울 수 있다. 비어있는 시간도 많고, 하고 싶은 일들도 많기 때문에 공부에 자칫 집중하기 어려울 수 있다. 그러나 규칙 세우기는 바로 이와 같은 무절제와 유혹으로부터 벗어나 공부하고자 하는 동기부여를 확실하게 하고 목표를 설정하도록 도와준다. 공부는 동기부여가 중요하다. 자신이 싫어하는 과목을 수강할 때 긍정적인 이유를 찾아보고 아주 지루한 수업에서도 동기를 부여해보라. 동기를 찾다보면 학업규칙이 즐거울 수 있다.

학업목표는 구체적으로, 현실적으로, 유연하면서도 측정 가능하도록 설정한다. 예를 들어, '열심히 한다' 가 아니라 '일반화학과목에서 A학점이상 받기'로 목표를 정한다.

자율적인 학습이 되려면 가장 먼저 자신이 학업에 있어 어느 단계에 있는지 스스로의 위치를 파악하는 일이 중요하다. 자신이 아주 기초수준의 단계인지, 수업내용을 대부분 이해하는 단계인지, 완벽하게 이해해서 적용할 수 있는 단계인지 알아야 한다. 학생 개개인마다 학습단계가 모두 다를 수 있다. 한 학생에게도 과목마다 학습단계가 전부 다를 수 있다. 어떤 과목은 준비단계일 수 있고 또 다른 과목은 최종 단계일 수 있다. 현재 수강하는 과목들 모두가 준비단계일 경우 공부하는데 많은 시간이 필요할 것이다. 시험이 다가와도 준비단계에 그쳤다면 중간 정도의 성적도 받기 힘들다. 항상 학습에 있어 자신의 위치를 잘 파악하고 이에 맞추어 대비하는 모습을 보여주자.

● 학생으로서의 역할을 항상 인지하자

학습은 학생과 교수의 쌍방향 소통으로 이루어진다. 학습은 단순한 지식 전달이 아니라 학생과 교수가 서로 중요한 의견들을 나누고 공유하는 경험이다. 학생은 학생으로서의 역할에 충실해야 한다. 강의실 맨 뒷자리에 앉아 강의를 듣는 일은 쉽다. 그러나 공부는 스스로 한다고 생각하면 강의 내용에 더 잘 집중할 수 있다. 학습에서 나의 역할이 중요하다는 점을 인지한다면 강의 주제가 관심사로 떠오르게 되고 흥미를 갖게 될 수 있다. 지루한 수업을 자신의 마음에 들지 않는 교수 탓으로 돌리는 학생들이 있다. 공부하지 않으면 누가 더 고통스러울까? 당연히 학생이다. 어떤 학생들은 교수님이 자신의 마음에 들지 않아서 오히려 더 열심히 공부하기도 한다. 자신의 역할을 잘 인지하는 학생은 어려운 상황에서도 도전할 준비가 되어 있고 쉽게 실패하지 않는다.

• 여유를 갖고 충분히 학습하자

대학에서는 학습과 속도가 그다지 큰 관련이 없다. 학습을 빨리 해야 한다고 믿는 학생이라면 긴 호흡으로 써내려가야 하는 서술형 답안을 포기해버릴 수 있다. 대학에서의 학습은 좀 더 많은 시간과 노력이 필요하다. 수업시간 동안 필요한 집중력 역시, 짧으면 50분 정도에서 최대 3시간까지 요구된다. 수업시간이 짧고 많지 않은 주제들에 익숙해있다면 이제는 긴 시간동안 많은 주제들을 다룰 수 있도록 집중력을 키워야 한다.

이와 같은 이유로 인해, 대학에서는 어려운 문제를 해결할 때까지 여유롭게 참고 견디는 자세가 필요하다. 일정 시간 꾸준히 공부하며 필요한 만큼 시간을 들이겠다는 각오가 필요하다.

• 다양한 영역에서 역량을 개발하자

강의실 밖의 활동도 중요하다. 자원봉사, 프로젝트, 공모전, 인턴십, 특강 참여 등 많은 활동이 있다. 다양한 기회가 제공되는 만큼 시기적절할 때, 현명하게 선택하여 활동한다면 강의실 안에서 배우는 것보다 더 많은 것을 얻을 수 있다. 경험을 통해 배우는 것들은 기억 속에 저장된 지식보다 오래 동안 지대한 영향을 줄 수 있다. 열정적인 배움의 태도는 학업의 영역을 넘어서 다른 영역에서도 좋은 결과를 얻게 해줄 것이다. 훌륭한 성적으로 졸업한 학생은 동기부여나 목표설정도 좋았을 테지만 학업 이외 다른 경험도 많이 하였을 것이다. 배움에 열정적이고 노력하는 학생들은 동아리, 클럽활동에도 매우 적극적이다. 사실 이러한 활동은 졸업 후 직업을 구할 때 도움이 된다. 사회에서 필요로 하는 인재는 수업 이외 다양한 활동경력이 있으며 활동을 통해 여러 가지 능력을 구비한 사람이다. 사회에서는 성적 이상의 것을 요구한다. 그렇다면 1학년 시기부터 교과활동과 아울러 적절한 비교과활동을 통해, 졸업 후 사회에서 성공하는 데 필요한 기술과 지식을 얻고 실행해볼 필요가 있다.

02 대학의 교육과정

대학에서는 무엇을 배울까?

대학은 大學이니 크게 배우는 곳이고, 큰 것을 배우는 것이고, 큰 인물(大人)이 되는 길을 배우는 곳이다. 그런데 도대체 무엇을 배우는 것일까? 각 대학들은 대학에서 배워야 할 내용을 대학요람에 일목요연하게 정리하여 제시하고 있다. 물론 대학 홈페이지에서도 확인할 수 있다. 그리고 신입생 안내 책자 등에서 핵심적인 사항 소개하기도 한다. 대학에서 무엇을 배우는지를 알아야, 어떻게 배울 것인지를 설계할 수 있을 것이다.

• 교육과정이 뭐예요?

대학 요람에 대학에서 배워야 할 내용을 정리해 놓은 것이 교육과정이다. 교육과정은 대학의 교육목표를 달성하기 위한 교육내용을 교과목으로 편성하여 학생들에게 제공하는 것이다. 즉, 대학의 인재상을 구현하기 위한 교육의 핵심 콘텐츠이다. 따라서 학생들은 학칙 등에서 규정한 소정의 교육과정을 이수해야만 졸업을 할 수 있다. 고등학교까지는 국어, 영어, 수학 등 짜여진 시간표 대로 수업을 들었을 것이다. 그러나 대학에서는 교육과정을 이해하고 교육과정 내에 편성돼 있는 과목 중에서 개설된 수업을 선택해 이수하여야 한다.

• 대학 교육과정의 구성

대학의 교육과정은 보통 교양기초교육과정, 전공교육과정 그리고 선택교육과정으로 구성된다.

교양기초교육과정은 가장 일반적인 대학교육과정으로 크게 교양교육과 기초교육으로 구성된다. 교양교육이란 올바른 세계관과 건전한 가치관을 바탕으로 지도자로서의 자질을 함양하기 위한 교육과정이다. 개별 학문분야를 넘어서서 모든 학생들에게 동질적인 내용을 가르치는 교육과정이다. 기초교육이란 각 학문분야의 학업에 기초적으로 요구되는 지식의 교육을 말한다.

전공교육과정은 독립된 각 학문분야인 학과의 전공 교육이 이뤄지는 교육과정이다. 각 전공분야의 전문적 지식을 탐구하고 그 전문 지식을 창출할 수 있는 전문 능력을 배양하는 교육을 의미한다.

선택교육과정은 자격증 취득 등 특정한 목적을 위해 이수하는 교육과정으로 교직 과목, 평생교육사 과목, 군사학 과목 및 일반선택 과목 등으로 구성된다.

• 졸업요건으로서의 교육과정

대학에서 졸업을 하기 위해서는 학점이수표에서 제시한 규정에 따라 교육과정을 이수해야 한다. 학점이수표는 졸업에 필요한 교육과정 이수 요건을 표로 제시한 것으로 입학연도 및 소속 학과에 따라 상이하므로 반드시 학생 각자에게 해당되는 사항을 분명하게 확인해야 한다. 학점이수표는 각 대학의 요람과 홈페이지에서 확인할 수 있다. 학생의 교육과정 이수 결과는 매학기 성적표에 기재되며, 학점이수표의 내용대로 이수하였는지를 살펴봐야 한다.

대학 졸업을 위해 필요한 일반적인 교육과정 이수요건은 다음과 같다.

- 교양기초교육과정에서 이수한 총 학점 및 영역별 최소이수학점 충족
- 전공교육과정에서 이수한 총 학점 및 영역별 최소이수학점 충족
- 졸업소요학점 충족
- 기타 대학별로 규정한 특별 졸업요건 충족

• 전공/학과 진입요건으로서의 교육과정

대학에 따라서는 1학년 신입생에게 전공 및 학과의 진입을 위한 교육과정을 특별히 이수하기를 요구하기도 한다. 대계열로 입학한 신입생들이 개별 학과를 진입하기 위한 과정으로 주로 교양기초교육과정의 영역별 이수를 요건으로 하고 있다. 전

공 진입 요건은 신입생 안내책자 및 해당 대학 홈페이지에 자세하게 안내되어 있으므로 확실하게 확인해야 한다.

교양기초 교육과정은 왜 들어야 하는가?

• 인성이 바른 인재가 되자

대학교육의 목적은 기본적으로 인격을 함양하고 전문적인 역량을 개발하는 것이다. 교양교육은 지도자적인 인격 함양에 필수적인 과정이다. 교양기초교육을 통해 올바른 세계관과 건전한 가치관을 바탕으로, 도덕적이고 윤리적인 삶을 영위하고, 공동체적 문화적 삶을 자율적으로 주도할 수 있는 인성이 바른 인재가 되기 위한 과정을 충실히 이수해야 한다.

• 학업의 기초를 형성하고 학업의 도구를 장만하자

> 제 자신이 공학을 공부하고 싶어서 공학계열로 입학했어요. 그런데 막상 대학에 들어오니 공학공부는 하지 않고 고등학교 때부터 죽 해왔던 수학, 물리 문제풀이나 하고 있는 거예요. 또 〈과학기술글쓰기〉과목에서는 과학기술칼럼에서 비교나 대조의 사례를 찾아 글쓰기를 하라는 등 도대체 이런 공부를 왜 해야 하는지 모르겠어요....

대학에서의 학업은 고등학교 때와는 매우 다르다. 물론 대학에 입학한 신입생들은 대학수학능력을 갖추고 있다고 볼 수 있다. 고등학교 때까지의 학업이 대학 학업의 기반이 됨은 물론이다. 그러나 대학에서는 새로운 학업을 수행해야 한다. 교양기초교육을 통해 세계화된 새로운 정보사회에서 비판적·창의적 사고와 원활하고 개방적인 의사소통 역량을 축적해 나가야 한다. 장차 대학 학업 전반에 소용되는 필수적인 학업의 기초를 닦고 학업 도구를 장만해야 한다.

• 학문 탐구와 전공 과목 이수의 기초를 닦자

대학의 학문분야는 다양하고 광범위하며 전문적이다. 대학 학업은 전문적인 학업이며, 학업의 폭이 넓고 깊다. 따라서 개별 전공학문분야의 전문적인 학업에 앞서 학문탐구의 기반이 되고 전공과목 이수의 전제조건이 되는 보편적인 학문을 연마해야 한다. 즉, 교양기초교육과정을 통해 세분화된 전공분야에 구애받지 않고 인문학, 사회과학, 자연과학을 망라하는 균형잡힌 동질적인 내용을 이수해야 한다. 자신이 선택한 학문분야를 넘어서서 학문 탐구의 기초지식을 확실히 습득하고 이를 응용하여 실용적인 가치를 창출할 수 있는 전문 지식인으로서의 능력을 연마해야 한다. 나아가 새로운 지식창출 능력을 지니도록 자율적 탐구의 역량을 함양하여야 한다.

• 지성인의 일반적 소양을 함양하자

대학에 갓 입문한 새내기들은 교양과목은 학점따기 쉬운 과목이라는 편견을 가지고 있을 수 있다. 교양과목은 들어도 되고 안 들어도 되는 과목이 아니다. 교양과목이라 해서 결코 쉬운 과목이 아니다. 교양교육의 교육내용은 학문적 깊이가 있으면서도 새로운 사회문화적 현실에 부응하는 것으로 지속적으로 변화하고 있다. 교양교육은 대학교육과정의 필수 과정이며 지성인으로 성장하는 데 핵심 과정이다. 교양교육을 통해 지성인으로서 일반적인 소양을 쌓을 수 있어야 한다.

교양기초 교육과정은 어떻게 구성되어 있나?

대학 신입생들이 성공적인 대학생활을 영위하기 위해서는 우선 학업관리에서 성공해야 한다. 보통 대학 1학년 시기에는 교양기초교육과정을 집중적으로 이수한다. 따라서 성공적인 학업 관리를 위해서는 새내기들이 집중적으로 듣게 될 교양기초교육과정을 이해하는 것이 무엇보다도 중요하다. 대학의 교양기초교육과정은 일반적으로 다음과 같이 구성되어 있다.

• 교시 및 인성 영역

대학마다 설립이념과 교시를 천명하고 교양기초교육과정의 한 영역으로 편성하고 있다. 건학이념과 교시(校是)에 나타나 있는 개별대학의 고유한 교육적 전통을 이어받아 그 대학 나름의 특징있는 학풍을 숙성시켜 나가는 교육과정이다. 최근에는 인성영역을 교시 영역으로 편성하는 대학이 늘어나고 있는 추세다. 대학생으로서 갖추어야 할 가치관, 세계관을 비롯하여 인간다운 삶에 대한 숙고의 과정을 경험하게 된다. 또한 리더십 관련 과목들도 교시 및 인성 영역에 포함하기도 한다.

• 학업의 기초와 도구 영역

대학교육을 성공적으로 받을 수 있는 가장 기본적인 지적·언어적 능력을 기르는 영역이다. 다양한 형식의 글쓰기, 프리젠테이션, 스피치, 토론, 글로벌 문화 등 언어적 표현능력을 배양하고, 문자문해와 정보문해를 포함하는 문해능력을 함양하며, 논리적, 비판적, 창의적 사고능력을 강화하는 학습과정이다.

• 학문과 전공의 기초 영역

대학에서의 학업은 폭넓고 튼튼한 교양기초교육과 깊이 있는 전공교육으로 구성된다. 교양기초교육은 전공분야의 전문적 지식을 탐구하고, 전문분야의 전문적 지식을 창출할 수 있는 기초적 소양을 제공한다. 학문과 전공의 기초 영역은 특정 학문분야에 국한된 세분화된 지식이 아니라 모든 학문분야에서 두루 활용할 수 있는 기반을 제공하는 영역이다. 즉 인문학, 사회과학, 자연과학 및 공학 분야의 전공학업수행을 위하여 튼튼히 다져야 할 기초학력 배양 과정이다.

• 교양 영역

대학 교양교육은 인간, 자연 및 세계에 대해 균형잡힌 안목과 통찰력을 배양하는 것을 목적으로 한다. 인간, 문화, 사회, 역사, 자연, 과학, 기술 등에 대한 균형적 이해는 특정 학문분야에 국한된 것이 아니라 지도자적 인격을 함양하는 모든 학문분야에서 필요로 하는 핵심 소양이다. 따라서 이러한 분야의 교양과목은 1~2학년보다는 3~4학년이 이수해야 하는 고급 교양과목이 된다.

• 일반선택 영역

일반선택 영역은 학문적 성격이 약하나 실질적으로 고등교육을 받은 사람으로서 갖추어야 할 문화시민적 교양을 제공해주는 과목들이다. 이 영역은 여가, 스포츠, 취미 관련 과목 등으로 구성된다.

강의선택과 학습법

대학에 입학하면 새내기들은 학교에서 제공하는 교과과정에 따라 수업 교과목을 선택한다. 학생들의 현명한 강의선택을 위해 대부분의 대학들이 학교 홈페이지에 많은 강의 정보를 제공하고 있다. 이제 강의를 선택할 때 고려해야 할 조건들을 알아보고, 강의계획서를 읽는 방법과 활용하는 방법을 익히고, 강의에 따른 교과목 영역별 학습방법을 세워보자. 마지막으로 수강과목을 철회할 경우에 대비해보자.

교과목 선택하기

교과목을 선택할 때 가장 먼저 할 일은 반드시 이수해야 할 과목을 모두 골랐는지 점검해보는 것이다. 학생들이 반드시 알아야 할 교과과정은 대학요람, 새내기책자, 학교 홈페이지 내 학사관련 항목 등에 기재되어 있으므로 항시 체크한다.

많은 학생들이 동료나 선배들로부터 강의선택에 관한 이야기나 권고사항을 듣는다. 전해들은 다량의 정보들은 정확하지 않으며 지극히 개인적 경험에 의존하고 있음을 알고 있어야 한다. 충분하지 않고 정확하지 않은 정보 때문에 대학에서의 첫 학업수행부터 문제가 생길 수 있다. 자신이 선택한 과목의 정보는 스스로 찾고 수강하는 과목의 수업규칙, 예를 들어 수업 중 금기사항, 출석, 과제, 시험 등에 대해서 제대로 알고 있어야 한다.

대학에서 강의 선택 시 대부분의 학생들은 자신이 원하는 교과목을 모두 수강 신청할 수 있는 것은 아니다. 아래의 사례처럼, 희망하는 과목을 수강하지 못한 것이 성적하락의 계기를 제공할 수는 있겠지만 결정적 원인이라 보기는 어렵다. 원했든, 원하지 않았든 상관없이 이수하기로 결정한 교과목에 대해서는 끝까지 책임지고 최선의 결과를 얻도록 노력하는 자세가 바람직하다.

OO과목을 원하지는 않았지만 1학년의 필수요건이라 어쩔 수 없이 수강하게 되었어요. 전혀 흥미를 못 느끼는 과목이니 좋은 성적은 당연히 받지 못할 것 같아요. 저는 수학이나 과학 등 이해와 계산 위주의 학습방식을 요구하는 과목은 매우 좋아하지만 암기가 필요한 OO과목은 제게 맞지 않아요. OO과목에 대한 기초지식이 없어 이해도가 떨어지는 상태에서 시험 준비를 위해 많은 내용을 암기해야 하므로 그 과목이 저에겐 너무 힘들었어요.

• 강의형태

선택하는 강의가 어떤 방식으로 진행되는지에 따라 한 학기 동안 공부해야 할 내용 및 예습과 복습에 드는 시간, 시험준비 정도 등을 가늠할 수 있다.

강의형태는 정해진 날짜와 시간에 수업에 참석하는 오프라인강의, 수업에 나갈 필요없이 인터넷을 활용하는 온라인강의, 오프라인과 온라인을 병행하는 강의 이렇게 크게 세 가지 유형으로 나눌 수 있다. 대학에 처음 입학한 새내기들이라면 되도록 오프라인강의를 선택하는 것이 좋다.

온라인강의는 해당 요일과 시간에 정해진 강의실에 참석하지 않아도 되기 때문에 특별한 사정이 있는 학생들이나 고학년 학생들이 주로 신청한다. 온라인강좌는 수강의 편리함이 있지만 공부 방식, 시험 준비 등에서 오프라인강좌보다 학생들에게 더 큰 어려움을 줄 수 있다. 우선 온라인강좌는 성실성을 요구한다. 정해진 시간에 정해진 분량을 듣고 이해하지 않거나 대충 흘려듣고 반복해서 들으려하지 않을 수 있다. 처음 온라인강의를 선택했을 시기의 마음가짐과는 달리 수업환경에 제약이 없기 때문에 자기관리가 어려운 학생들은 선택을 재고해야 한다. 또한 한 학기에 1개 정도의 온라인강의를 선택하는 것은 별 무리가 없지만 2강좌 이상 선택하는 것은 성적을 비롯해 학업 전반에 나쁜 결과를 가져올 수 있으므로 유의한다.

오프라인과 온라인을 병행하는 강의(Blended 강의 혹은 Flipped Class)는 오프라인 수업 전 온라인으로 수업을 먼저 듣고 수업내용을 이해한 후 오프라인에서 수업내용을 점검하거나 토론, 발표 등의 활동을 갖는다. 온라인 수업과 일반 수업이 혼합된 강의는 학습내용을 실습하거나 심화하는데 목적이 있으므로 지정 토론이나 발표가 어려운 학생, 학번이 높은 선배들과 같이 수업듣기를 꺼려하는 학생들은 선택 전 이 같은 상황을 잘 고려해봐야 한다.

• 과제와 시험

과제와 시험에 따라 선택할 과목에 대한 학업 부담감을 나누는 것이 좋다. 좋아하거나 잘 할 자신있는 과목, 과제가 많은 과목, 시험이 부담되는 과목들을 서로 배분하자.

읽고 써야하는 과제가 많은 과목을 서너 개 선택한다거나 발표와 토론이 있는 과목만 수강한다면 힘들 수 있다. 서로 다른 유형의 과제가 있는 교과목들을 적절히 배분해서 선택하는 것이 낫다. 읽고 쓰는 과제가 있다면 다른 과목은 발표나 문제풀이가 있고 또 다른 과목은 흥미도가 높은 식으로 선택한다. 도전해보고 싶은 어려운 과목이 있으면 공부가 상대적으로 쉬운 일반교양과목도 같이 선택하면 좋다.

강의선택 시 앞으로 다가 올 시험과도 관련지어 생각해보자. 기본적으로 외워야 할 것이 많은 암기위주 과목을 주로 선택하였다면 시험을 준비하는 시간을 충분히 확보해야 할 것이다. 최악의 경우 하루에 2～3과목의 시험을 치를 수 있으며 그 과목이 대부분 많은 지식정보를 기억해내도록 요구할 수 있다.

이런 의미에서 대학 1학년의 교양교과목 중 어학과목은 기본적으로 외워야 할 내용이 대부분이므로 여타 새로운 어학과목을 추가하는 것은 바람직하지 않다. 대신, '심리학개론'과 '사회심리학', '철학입문'과 '생명철학의 이해'처럼 내용이 서로 연계되는 과목들을 한 학기에 같이 선택하면 여러모로 유리하다.

• 과목 흥미도

모든 강의가 다 흥미있으면 좋겠지만, 반드시 수강해야 하는 과목인데도 흥미가 없을 수 있다. 이럴 경우 '흥미'에 관한 관점을 달리해 볼 필요가 있다. 흥미는 학습에 도움이 되지만(윤영란, 2006), 실제 학습에서 꼭 필요한 것은 아니다. 사람들은 누구나 재미가 없어도 일상적으로 하던 일을 하고 좋아하지 않아도 하고 집중하려고 애쓰고 노력한다. 노력하다 보면 흥미가 변할 수 있다. 흥미없던 분야가 특정한 계기, 필요에 의해 흥미가 생기는 경우도 있다. 그런 의미에서, 현재 자신의 흥미를 기준으로 삼지 말고 자신이 선택한 과목에서 흥미를 '갖도록' 노력해보자.

더불어, 흥미있는 과목들을 찾는 것 역시 쉽지 않다. 어느 정도의 관심만으로 과목을 선택하기도 한다. 관심이 있는데 과목에 대한 정보가 부족하다면, 강의계획서를 훑어보면서 흥미로운 점을 발견하는 것도 좋다. 아래의 사례처럼, 비슷해 보이는 과목이라 할지라도 다루는 소재와 주제, 양식 등이 다르기 때문에 그 중에서 조금이라도 더 잘 할 수 있는 과목으로 선택하면 된다.

> 강의 선택 전 선배의 권유로 다양한 글쓰기를 할 수 있다는 문학적글쓰기 수업을 선택했어요. 중간시험 이후 과제가 나오면 준비를 제대로 못하고 급히 제출하게 되었어요. 과제 준비를 못한 점은 핑계 같지만 사실 그다지 문학적 글쓰기에 재미를 못 느꼈어요. 이렇게 될 줄 알았더라면 차라리 비판적 글쓰기를 선택하는 편이 나았을 것 같아요. 제가 논술전형으로 입학해서 논술이나 비평 같은 글쓰기는 원래 자신이 있었거든요. 다양한 종류의 글쓰기가 문학적 글쓰기 위주인 줄은 몰랐어요. 지금은 이 과목 선택을 후회하고 있어요.

• 교수자 선택하기

많은 학생들이 강의 선택 전 교수자를 많이 고려한다고 한다. 실제로, 학기 초 새내기들은 선배나 동료에게 수강과목의 교수님을 추천해달라고 부탁하기도 한다. 그럴 경우, 선배나 동료들은 성적을 잘 주는 교수님을 추천하지만 쉬운 수업이 좋은 것만은 아니며 소문대로 성적을 잘 받을 수 있는 것도 아니다. 어떤 학생에게 쉬운 강의가 다른 학생에게는 어려울 수 있으며 특정학생에게는 좋았던 교수님이 다른 학생에게는 까다롭게 느껴질 수 있다.

학생이 첫 수업 전에 교수님을 조금이라도 알고 싶다면 학교 홈페이지 등에 기재된 정보를 체크해보는 것이 하나의 방법이다. 교수님의 사진, 관심분야, 연구 주제 및 논문목록 등을 찾아볼 수 있다.

고등학교 때부터 문학에 관심이 많은 편이어서 문학과 관련된 교과목을 선택했어요. 수업을 들은 지 한 달이 다 되어 가는데 아직 교수님의 강의방식에 적응이 잘 안돼요. 교수님은 주요 주제를 설명하기보다 사례나 곁가지에 치중하시며 수업내용을 채우는 듯 여겨져요. 수업을 마치고 나면 무엇을 배웠는지 제대로 정리가 안되고 수업의 주요 내용이 무엇인지도 잘 모르겠어요. 이러다가 중간시험을 어떻게 준비해야 할지 무척 난감해요.

학생의 입장에서는 무엇보다 수업 중 교수의 강의방식에 잘 적응할 수 있어야 한다. 고등학교 때처럼 한정된 범위 내에서 세세히 반복적으로 설명해주는 교수들은 거의 없다. 일부 교수들은 교재나 참고서에 나와있는 내용은 대학에 입학한 학생 수준이면 당연히 알고 있을 거라 믿고 부가적인 설명만 할 수 있다. 또한 많은 이론적 내용 중에서 필히 학생들이 알아야 할 부분들만 강조할 수 있다. 이런 경우, 위의 사례처럼 학생들이 주요내용을 잘 파악하지 못할 수 있다. 당연히 수업에서 제시한 개념들을 기본적으로 이해해야 한다면 학생들은 수업 전후로 교재나 참고도서 등을 통해 주요내용을 알고 있어야 한다. 학생과 상호소통을 중요하게 생각하고 학생의 요구에 귀 기울이는 교수님의 수업이라면 교수선택의 조건으로 충분하다.

강의계획서 읽기

강의계획서는 수업에 대한 정보를 얻는 첫 번째 방법이며 가장 중요한 자료이다. 학기가 시작되기 전 각 교과목의 교수들은 강의계획서를 학교 홈페이지 온라인 시스템에 탑재하여 공개한다. 강의계획서 안의 내용은 대충 볼 때는 모르지만 자세히 들여다보면 한 학기동안 학업을 설계하는 데 도움이 되는 것이 많다. 새내기라면, 교수의 강의스타일 뿐 아니라 강의계획서 안에서 반드시 읽어내야 할 중요 정보들을 간파해야 한다. 그렇다면 강의계획서를 어떻게 읽어야 할까?

• 강의계획서의 내용들

강의계획서 안에는 다음의 내용들이 기본적으로 제시되어 있다.

강의개요. 학년도 및 학기, 교과목명 및 교과목의 학수번호, 교양-전공영역의 구분, 학점 및 주당 수업시간, 대상학년, 선이수 과목여부, 강의형태, 강의실, 담당교수이름, 교수의 교내 연구실 위치 및 전화번호와 이메일 등 공식적으로 표기된 정보를 알 수 있다.

수업정보. 강의시간과 강의실은 물론 교과목 개요, 수업목표, 수업의 월별 혹은 주차별 내용, 강의진행방법, 과제, 평가

항목 등을 알 수 있다. 수업의 특징을 간략하게 언급한 교과목 개요가 있고 수업이 지향하거나 수업을 통해 얻고자 하는 지식이나 역량을 기술한 수업목표를 확인할 수 있다. 개요와 목표 다음에는 보통 강의진행방법을 알려준다.

강의진행에는 교수자 혼자 설명하는 강의식 방법이 일반적이고, 강의와 함께 학생들의 조별발표 및 개별 발표, 전체 토론 및 소규모 그룹별 토론 등의 방법도 있다. 교수자의 강의형태에도 파워포인트 자료나 동영상 자료를 이용할 수 있고 주차별 강의내용에 따라 자료가 달라질 수 있다.

과제에 대한 항목은 반드시 기억해두자. 과제 제출 시기를 놓칠 경우 어떤 불이익이 있는지, 성적산출의 전체 배점에서 과제가 차지하는 배점은 어느 정도인지 확인해야 한다.

주차별 수업 내용의 전개 방식에서 특정 교수자는 강의 내용의 순서가 바뀔 수 있거나 강의내용 조차 바뀔 수 있음을 사전에 알려주기도 한다. 매주 강의의 주요 주제와 주제별 세부 내용에 대한 언급, 과제 그리고 시험이나 프로젝트의 날짜를 확인할 수 있다.

또한 성적이 어떻게 산정되는지 알 수 있다. 출석, 과제, 발표, 중간과 기말시험의 배점이 각각 얼마인지 알아두자. 시험의 배점이 높으면 당연히 시험 준비에 더 많은 신경을 써야 한다.

수업에서 지켜야 하는 사항들. 수업에서 학생들이 꼭 알아두어야 할 특별한 방침들이 있다. 전체 수업일수 중에서 3회 이상 결석 시 F학점을 주는 출결방침을 고수하는 교수가 있고 출결에 크게 비중을 두지 않는 교수도 있을 것이다. 수업 시작 10분 후 입실을 지각으로 간주하거나 지각 3회 시 결석 1회로 간주한다는 사항도 있을 수 있다. 수업 시간에 핸드폰 사용을 불허하거나 수업태도가 좋지 않을 경우 제재한다는 방침이나 표절에 대한 강력한 사전 경고 글도 있을 수 있다.

발표나 토론에 참여하면 추가점수를 받을 수 있다는 사항도 있을 수 있다. 추가점수를 받을 기회가 있다면 사전에 이러한 점을 기록해두는 것이 유용할 것이다. 과제물 제출 기한과 제출 방법 및 제출 기한을 넘겼을 경우 대처방법이나 불이익을 알려주는 조항도 있을 수 있다. 시험 일정은 물론 시험문제 유형이나 출제 경향, 시험 시 지켜야 할 사항도 발견할 수 있다.

• 강의계획서에서 읽어야 할 부분들

이제 성공적인 대학생이 되는 첫 번째 단계로 강의계획서를 어떻게 읽어야 하는지 제시할 차례이다. 강의계획서 속의 정보를 면밀히 읽어보자.

수업목표. 강의계획서에는 교수가 학생들에게 제시하는 수업목표들이 있다. 수업목표는 학생들이 얻게 될 학문적 기본지식이나 접근방법을 비롯하여 수업을 통해 얻게 될 여러 가지 능력을 말해준다. 아래와 같은 사례를 보자.

이 수업은 학문적 의사소통의 기본 양식으로서의 비판적 글쓰기 능력을 기르는 데 목표를 둔다. 본 강좌는 요약–논평–글쓰기라는 ‘단계별 글쓰기 프로그램’으로 진행된다. 텍스트 읽기에서부터 시작하여 텍스트의 논리적인 구조를 파악한 후 재구성하는 ‘요약’의 단계를 거쳐 요약을 통해 정확하게 이해된 내용을 체계적으로 평가하는 논평의 단계에 이른다. 마지막으로 논평을 통해 그 글에서 드러난 문제점과 부족한 점을 파악한 후 스스로 현안 문제를 설정하고 그에 대한 자신의 견해를 정립하여 글로 표현하는 최종 글쓰기 단계에 들어가게 된다. (OO대 ‘학술적 글쓰기’ 강의계획서)

위의 글쓰기 수업의 목표에서 학생들은 가장 먼저 ‘비판적’으로 글을 쓰는 능력을 키워야하며, 비판적인 글쓰기는 단계별로 연습한다는 사실을 알 수 있다. 첫 단계와 두 번째 단계는 학생의 비판적인 사고 형성을 위한 준비단계이며 마지막 단계에서는 자신의 논지에 따라 글을 써야 할 것이다. 마지막 단계는 한 학기 동안 수업의 결정체로, 앞의 두 단계가 통합된 포괄적이고 종합적인 시각에서 작성해야 할 것이다.

또 다른 사례로, 수업의 목표가 학생들이 수업을 통해서 배우기 원하는 사항을 구체적으로 기술하는 것은 물론 학생이 스스로 관점을 수립하기를 바라는 강의계획서도 있다

– 근현대 서구의 정치현실 및 역사현실 속에서 형성된 정치학의 기존체계를 이해함

– 근 현대 서구 정치학의 주요 개념들을 학생들의 관점에서 체계적으로 정리하여 학생 스스로 현실직시와 현실분석 능력을 점검함
(00대 '정치학입문'강의계획서)

이와 같은 수업 목표를 읽는다면, 학생들은 먼저 서양 근대와 현대 정치학에 대한 지식을 얻고 이어서 이론을 활용하여 자신의 견해를 가져야 한다는 점을 알 수 있다. 학생 자신의 견해는 정치체계에 대해 비판적으로 사고할 수 있음을 뜻할 것이다. 수업목표가 주요 이론의 개념 분석이나 이해를 넘어 수강하는 학생들의 관점 수립을 요구한다면, 이 수업을 수강하는 학생들은 단순히 기존이론을 암기하거나 이해하는 데 그쳐서는 안 된다. 기존이론이나 주요 개념들은 학생의 관점 수립을 위한 도구나 과정일 뿐이다. 학생들의 자발적인 질문이 중요하므로 이론체계마다 자신의 입장이나 관점을 기록해두어야 할 것이다. 관점 수립을 위해 교재 및 참고서적을 충분히 읽어야 할 것이며 친구나 교수와의 논의 및 토론도 잘 활용해야 할 것이다.

강의계획서를 통해 대략적인 수업전략을 읽어낸다면 수업을 준비할 때 분명히 많은 도움이 될 수 있다. 한 학기 내내 많은 부분을 교재에 의존할 것 같다면 수업계획서를 읽고 난 후 바로 교재를 사두는 편이 낫다. 수업 전 예습의 차원에서 교재를 읽어보지 않는다면 수업을 따라가기 힘들다. 강의계획서 일정에 따라 교재를 반드시 읽어가도록 하자.

수업 일정. 수업 일정은 공부하게 될 주제의 순서와 시험 날짜 그리고 과제제출 기한에 대한 정보를 제공한다. 이런 중요한 날짜들은 강의계획서에 줄을 그어 강조하거나 메모장에 기록해 두어야 한다. 수업주제와 관련된 크고 작은 과제들, 퀴즈, 쪽지 시험이 있다면 잊지 않고 기록해두자. 강사초빙, 체험수업과 같은 특별한 사안들이 있다면, 이 역시 잊지 않도록 한다. 만일 교수가 일정을 변경한다면 변경된 일정을 알고 있어야 한다.

• 강의계획서 활용하기

대부분의 학생들은 강의계획서가 왜 중요한지 잘 생각해보지 않는다. 그저 학기 초마다 의례적으로 제공되는 것으로 간주하고 그 속에서 알찬 정보를 미리 알아두고 전략을 세울 생각은 별로 하지 않는 듯하다. 위에서 기술한대로 강의계획서를 제대로 읽는다면 이미 그 수업 성과의 절반은 얻은 셈이다. 매 학기 초 강의를 선택할 때, 그리고 수업을 들을 때 마다 강의계획서를 신중하게 읽도록 하자. 1~2주 정도 수업을 들은 후에 다시 강의계획서를 읽어보면 이전에는 알지 못했던 더 많은 정보들을 얻을 수도 있다. 그렇다면 강의계획서를 어떻게 활용하면 좋을까?

학습전략수립. 강의계획서를 통해 교수가 학생에게 요구하는 것이나 수업방침, 교수의 관점이 무엇인지 알게 되면 그 과목을 효과적으로 공부할 수 있다. 다시 말해 시험공부에 필요한 것을 파악할 수 있다.

강의계획서에 '수업 전에 교재를 반드시 읽어올 것'이라든가 '학생의 관점을 노트해두라'든가 '매 주차 강의 및 토론 시간에 관련도서를 소개하고 내용을 논의함' 등이 적혀있다면 그대로 실행할 수 있도록 학습스케줄을 계획해야 한다.

강의계획서에는 교수가 수업내용에 대해 어떤 시각을 갖는지 표출하게 되어있다. 예를 들어, '역사학 입문'이라는 수업의 개요나 목표에서 역사적 사실보다 역사의 '사실 그 자체'부터 문제 삼고 역사의 재구성과 해석에 대해 다룬다고 해보자. 여기에는 교수 자신의 역사관과 역사를 배우는 것이 왜 중요한지에 대한 관점을 내포하고 있다. 이 수업의 교수는 학생들이 역사학의 복잡성과 다양성을 이해하고 이를 바탕으로 각자 시각을 수립해 나가길 기대할 것이다.

전공학문에 가까워질수록 교수들은 세미나식 발제나 발표, 토론의 방법을 이용하고자 한다. 교수는 매 수업의 토론 주제를 제시할 것이다. 학생들은 매주 다루어야 할 주제들을 점검하고 주제에 대한 기본적인 이해를 마쳐야 수업에 참여할 수 있을 것이다. 토의나 토론이 활발하게 이루어지기 위해 교수들은 학생들이 자신과 비슷한 수준이 되길 기대한다. 수업 전 준비과정이 무척 중요하다는 의미이다. 수업 중에도 의견교환 내용을 기록해두고 다양한 관점의 교차지점과 차이점을 분석해두어야 할 것이다. 강의계획서에서 시험을 가정하고 공부해야 할 주제들을 점검해보라. 교재나 참고서적에서 어느 부분을 읽어야 할지만 정하지 말고 그 이상의 것을 보고 준비하도록 하자.

학습을 위한 시간배분. 강의계획서를 통해 수업에서 배운 내용을 체계적으로 정리하고 1주일 동안 해야 할 공부를 계획할 수 있다. 예를 들어, 이번 주에 역사학 수업에서 3개의 단원을 읽어야 하고, 사회학 수업에서 2개의 단원을 읽어야 하고, 논리학에서 30개의 예제를 풀어야 한다고 해보자. 무슨 과목을 먼저 읽고 정리할지, 문제풀이부터 시작할지 등의 계획을 세우고 실행하면 된다.

교과목 영역별 학습방법

1학년 시기에는 주로 교양영역의 다양한 교과목들을 수강하게 된다. 대학 학업에 필요한 기본적인 능력 함양을 위한 글쓰기, 발표, 토론, 실험을 비롯하여 인문학과 자연과학 영역에서 전공의 기초를 다지기 위한 과목들을 듣는다. 수업을 통해 논지파악과 논점제시 및 비판적 해석 능력을 키워보도록 하자. 교양영역별 교과목마다 강의를 들을 때 참고하면 좋은 사항들이 있다.

• 대학외국어(영어) 영역

읽고, 쓰고, 말하기를 기본으로 하는 과목들과 영어의 능숙한 활용을 전제로 심화된 과목들이 있다. 기본과목과 심화과목은 영어실력에 따라 수준별로 수업이 이루어진다. 원어민 교수들이 진행하며 과제의 양이 많고 과제의 평가 비중이 높은 편이다. 쓰기일 경우는 문법, 작문, 맞춤법에 의한 문장변화를 중심으로 강의한다. 또한 평소 퀴즈나 질문, 수업태도가 평가에 영향을 준다. 영어로 하는 발표과목은 발표문을 미리 작성해서 외우고 발표하기 때문에 즉흥적인 순발력을 요하는 영어회화와 다른 측면이 있다. 대학영어영역의 과목들은 발표과목이라도 쓰기가 우선일 수 있으며 대학의 수업에서는 영어회화보다 쓰기가 더 기본이라고 볼 수 있다.

• 글쓰기, 말하기 영역

대부분의 대학에서 개설되는 과목 군으로 의사소통능력을 배양하고 활용하는데 목적이 있다. 국어를 활용한 유형별 다양한 글쓰기와 논리적, 비판적 글쓰기 등 여러 종류가 있다. 대부분 글쓰기 과제가 주어지며 학기 말에 한 학기 동안 작성한 글들을 모아서 제출하거나 쓰기능력을 보여 줄 에세이작성이 있을 것이다.

발표와 토론 같은 과목은 발표를 잘 하거나 잘 하고 싶어 하는 학생들이 수강한다. 발표와 토론에 관한 이론 강의가 선행되며 실습이 이어진다. 이론을 기반으로 준비하고 이론을 실행하여 평가하므로 기본적으로 발표에 자신 있는 학생도 준비가 소홀하면 좋은 성과를 내기 힘들다.

글쓰기, 말하기 영역의 과목들도 수준별 수업을 지향하므로 자신감 있고 성과가 좋다면 난이도가 높은 심화과목을 선택하면 된다.

• 창의력, 논리·사고력 영역

최근 대학에서는 창의인재 양성을 위해 이 영역의 기본과목들을 개설하거나 개설 과목을 늘리는 등 시대적 필요성에 부합하고 있다. 학생들도 높은 선호도를 보이는 편이다. 창의력 관련 과목들은 창의성에 대한 논의와 창의적 사고 형태 및 예시, 창의력 훈련들을 통해 문제해결능력을 키운다. 논리·사고력 과목들은 논증의 종류와 오류논증 등을 배우고 여러 논증을 분류하고 예제를 풀어봄으로써 논리적이고 비판적 사고를 키울 수 있다. 논리·사고력 과목은 사고의 기초를 검증하는데 활용되므로 고시 등 전문직 진로를 준비하는 학생이라면 반드시 수강하도록 하자.

• 리더십 영역

학생들의 재능 속에서 리더의 잠재력을 효과적으로 개발하고 리더십 스킬 및 역량을 배양할 수 있는 과목들이다. 요즘은 리더십 실습을 통해 학생들이 리더로서의 인성을 겸비하도록 관련 프로그램을 강화하는 추세이다. 리더십에 대한 이론을 배우고 실습을 통해 차세대 리더가 지녀야 할 필수 덕목을 구비할 수 있을 것이다.

• 인문·자연과학 분야 교양기초 영역

학문별로 전공에서 세부적으로 깊게 다루기 전에 입문, 개론 형태로 다루는 교과목이다. 각 전공의 기초이면서 전공의 개론 수준 혹은 개론보다 더 기초적인 수준이다. 주요 이론을 분석하며 이해하는데 주안점을 둔다.

일부 과목의 수업에서 고등학교에서 배우지 않았던 부분이 있으면 스스로 참고서를 이용하여 보완하고자 하는 학생의 개인적인 노력이 필요하다. 무엇보다 수업시간에 집중하는 것이 중요하다.

인문과학영역의 과목들은 전체적인 이론을 이해하고, 비판적으로 논점을 형성하여 기술할 수 있어야 한다.

기초 자연과학 분야 과목들은 교재에 나오는 내용 중에서 주요개념을 구체적인 예와 함께 설명하고 관련 예제문제를 풀어야 한다. 이 때, 강의를 듣지 않으면 어떤 부분이 중요한지, 그냥 넘어가도 좋은지 알 수 없고 나중에 혼자 공부하려면 서너 배의 노력을 기울여야 하므로 수업은 반드시 참여해야한다.

강의내용은 필기해야 한다. 내용을 다 이해하지 못하더라도 내용과 과정만이라도 적어두어야 한다. 또한 매주 배우는 내용을 이해하고 넘어가는 것이 중요하다. 한꺼번에 몰아서 공부하고 이해하기에는 공부양이 많고 깊이가 있기 때문에 일정 수준의 공부시간을 확보해야 한다. 개념 이해를 바탕으로 예제에 대한 충분한 연습도 필요하다. 예제는 개념 이해를 테스트하기 위한 것이므로 빠짐없이 완벽하게 풀도록 하자.

• 국제어강의

글로벌 시대를 맞아, 대학별로 교양영역에서 졸업요건에 이르기까지 국제어 과목이수를 요구한다. 국제어 수업의 대부분은 영어로 진행된다. 국제어수업 수강의 주요 문제는 영어실력 부족으로 수업 내용을 따라가지 못할 수 있다는 점이다. 수업내용을 이해하지 못해 지각, 결석, 과제 미제출 등의 어려움을 겪다 결국 해당 과목을 포기하기에 이르는 사례도 많다.

수업에서는 중요 영어 단어의 확실한 인지가 필요하다. 내용을 안다고 대충 공부했을 경우 특정 단어를 몰라 시험에서 곤혹스러울 수 있기 때문이다. 들어서 이해가 안 되면 먼저 읽어보자. 읽어서 내용이 파악되면 듣기는 한결 쉽기 마련이다. 따라서 배울 내용을 미리 읽어 이해하고 수업에 임하는 것이 중요하다. 국제어강의가 어려운 학생이라면 아래에 언급한대로 해보라.

- 강의계획서에서 매주 배울 내용을 미리 확인한다.
- 한국어 교재가 있다면 먼저 읽고 개념 정리 및 개념에 대한 기본적인 이해를 해둔다.
- 영어로 다시 개념을 정리하고 용어를 익혀둔다.
- 예습을 한 후 수업에 집중하고 수업 후 주요문장으로 정리하며 복습을 한다.

• 실험실습과목

실험과 토론으로 진행되므로 성실한 출석과 적극적인 참여가 매우 중요하다. 실험 예비보고서, 결과보고서를 제출해야 한다. 예비보고서 내용은 실험목적, 장치, 기구, 이론, 실험방법 등을 기재한다. 결과보고서 내용은 데이터를 가공처리하기, 데이터를 토대로 계산해서 얻어내는 결과 값을 도출하기, 결과 값을 어떤 과정과 식을 거쳐 얻었는지 간략히 서술하기, 결과 값이 실험값이나 이론값과 얼마나 차이가 있는지 서술하기, 오차의 원인을 서술하고 개선방안을 제시하고 실험을 통해 어떤 사실을 깨달았는지 서술하기 등으로 구성된다. 마지막 부분에는 참고 서적이나 관련 웹사이트를 기재한다.

실험결과 처리는 미루지 말고 신속하게 마무리해야 한다. 이 때 실험데이터와 실험내용을 정확히 잘 써야 한다. 데이터 처리는 표나 그림을 이용하여 깔끔하게 정리하는 것도 필요하다. 오차분석과 토의가 실험보고서 평가의 주요 요소임을 알아두자. 시험에서는 실험방법, 실험 재료의 용도, 실험 데이터 등을 기억하고 실험결과에 따라 결론을 유도하면 된다.

• 온라인수업

대학별 온라인 시스템에 접속하여 탑재된 강의교재로 학습하고 과제, 퀴즈, 토론에 참석해야 한다. 온라인 수업은 학생들이 담당교수와 직접 대면이 어려워 수강 상의 문제를 제대로 전달하지 못하는 경우가 있으므로 학생들이 온라인 시스템 내 메일, 쪽지함, Q&A 등의 항목을 최대한 잘 이용하도록 한다. 온라인 수업은 한 번에 몰아서 듣는 것이 가능하기는 하나 학습에 긴 시간 동안 집중하기 어려우므로 매주 꾸준히 나누어서 공부하도록 한다.

온라인수업의 진도는 오프라인강좌에 비해 대략 서너 배 정도로 많다. 많은 분량의 수업은 시험에서의 많은 범위를 의미한다. 이 때문에 시험 준비를 일찍 시작해야 한다. 온라인수업의 경우, 시험성적의 변별력을 위해서라도 시험문제는 자세한 부분까지 언급하도록, 많은 양을 세심히 읽고 암기하도록 요구한다. 많은 학생들이 수강하기 때문에 채점 편의상 객관식으로 출제가 이루어지는 경우가 많다. 시험은 대부분 오프라인으로 치른다. 시험날짜, 시간, 장소를 정확히 알아둔다.

온라인수업에서 가장 문제가 되는 부분은 출석이다. 매주 1회 이상 접속하여 강의교안을 클릭해야 출석체크가 된다. 주어진 기간 안에 미 출석 몇 회 조건을 어기면 자동으로 F를 받기도 하므로 출석이 중요하다. 온라인 수업의 출석문제로 조교나 담당교수와 갈등을 빚는 사례도 있으니 사전에 연락하여 교수의 성적처리기준을 다시 확인해둔다.

수강과목철회

학기 중, 강의를 듣는 과정에서 수강교과목을 철회해야 하는 경우가 있다. 수업내용을 이해하기 힘들거나 지각이나 결석으로 인한 불성실한 학습태도, 교수와 맞지 않아서 등의 많은 이유가 있다. 강의과목을 철회할 때는 교수나 학과사무실, 행정기관에 먼저 문의하고 조언을 듣는 것도 좋은 방법이다.

강의선택 시 수강철회의 조건을 확인해두자. 수강철회와 관련된 학칙을 알아두고 수강철회 날짜와 신청방법도 알아두자. 수강철회는 힘든 결정이지만 경우에 따라서는 차선의 선택이 될 수도 있다. 그렇다면 어떤 경우에 수강철회를 해야 할까?

- 이수해야 할 과목수가 많을 경우. 한 과목만이라도 철회한다면 나머지 과목들은 여유롭게 공부할 수 있다고 판단될 때이다.
- 학습과정에 문제가 많을 경우. 수업내용의 이해가 힘들고 과제나 시험 준비 등을 제대로 할 수 없을 때이다.
- 과도한 시간을 투자해야 할 경우. 한 과목에 들이는 시간이 너무 많아서 다른 과목들에 일정 시간을 배분할 수 없을 때이다.

학생의 입장에서는 강의를 듣다가 철회하는 경우 아무래도 손해가 많다. 수강철회를 방지하는 최선책은 신중하게 강의를 선택하는 것임을 기억하자.

04 강의듣기와 기록하기

강의를 듣는 동안 강의내용들을 체계적으로 기록하다보면 강의에 훨씬 잘 집중할 수 있고, 강의내용을 잘 이해할 수 있기 때문에 시험 준비에 큰 도움이 된다. 그런 의미에서 강의듣기와 기록하기는 성공적인 학업을 위한 핵심전략 중 하나이다.

잘 듣고 잘 기록하려면 준비자세가 필요하다. 강의시작 전 미리 강의실에 도착하여 강의내용을 기록할 노트, 노트북 컴퓨터 등 준비물을 점검하는 것으로 시작해보자. 강의실에서는 될 수 있으면 앞줄에 앉도록 한다. 앞줄에 앉는 행동 자체가 적극적으로 수업에 참여하여 교수님과 상호작용을 잘 하겠다는 학생의 의도를 나타낸다. 특히 교수의 목소리가 잘 안 들린다거나 교수가 사용하는 시각자료, 예를 들어 작은 글씨의 칠판메모, 파워포인트 자료가 잘 안보일 경우 앞자리는 매우 중요하다.

기록할 준비가 다 되었다면 오늘 수업할 내용을 강의계획서에서 확인한다. 강의에서 다룰 연습문제, 퀴즈, 토론주제 등이 있다면 미리 봐둔다. 강의제목과 주요 핵심어를 보면서 자신이 이전에 알고 있던 지식과 연관지어 강의 내용을 생각해본다. 추가로, 강의의 흐름을 대략 파악하고 적어야 하는 내용이 무엇인지 예상해보면 좋다. 본격적으로 수업이 시작되었다면 아래와 같이 시행해보자.

강의듣기

• 수업 도중 중요 정보를 놓치지 말자

강의는 유기적 흐름 속에서 자연스럽게 진행된다. 강의 도중 교수들은 학생들에게 주요 단서를 제공한다. 유심히 듣다보면 교수들이 중요한 정보를 줄 때 목소리 혹은 톤이 변하거나, 특정한 단어를 강하게 발음하는 것을 알아챌 수 있다. 대부분의 교수들은 더 중요한 정보일수록 천천히 무거운 톤으로 말하는 경향이 있다. 직접적으로 이 내용이 강의의 핵심이라고 알려주기도 하지만 대부분 주요내용은 암시를 통해 전달된다. 예를 들어 '다음과 같은 3가지 설명'이라거나 '키포인트', '특별히 중요한 내용', '다음과 같이 정의한다', '다음과 같은 사례들' 혹은 '기억해야 할 개념' 등과 같은 말을 들으면 바로 집중해야 한다.

또한 돌려 말하는 질문이 있을 경우, 예를 들어 '왜 그런 이유가 있을까요?', '어떻게 이러한 결과가 나왔을까요?'처럼 대답 대신 학생들에게 오히려 질문하는 경우에도 집중해서 들어야 한다. 이와 같은 질문들은 강의의 핵심내용이며 시험문제로 출제될 확률 또한 높다.

강의의 시작과 끝부분도 잘 들을 필요가 있다. 대개 강의에서 가장 핵심적인 내용은 강의 시작하고 나서와 강의 종료 직전에 나올 수 있다. 대부분의 교수들은 강의를 시작하면서 지난 수업의 핵심 포인트를 반복해서 언급해주고, 이번 수업에서 다룰 내용들을 간략하게 소개한다. 그리고 강의가 끝나기 전에 이번 수업의 핵심내용을 다시 언급하고, 다음 시간에 전개될 내용들을 예고한다.

• 구조화된 강의 흐름에 집중하자

강의 전체를 통합하는 핵심어 혹은 핵심주제와 그 핵심어를 설명해주는 논거들을 잘 들어야 한다. 각각의 세부적인 내용이 전체 강의주제와 어떤 관계인지 끊임없이 생각해야 한다. 교수님이 왜 그 내용을, 그러한 사례를 선택했는지 생각해봐야 한다. 더불어 강의의 주된 내용과 언뜻 연관이 없어 보이는 내용도 기억해둔다. 강의내용 중 사례나 예시, 비교대상 등 세부사항도 놓치지 않는다. 강의가 끝나면 이 모든 내용이 강의의 핵심내용과 어떤 관계를 맺는지, 왜 교수님이 이런 이야기를 했는지 생각해본다. 수업 중 교수님이 전문용어나 낯선 개념을 언급하면 반드시 기록해둔다.

강의기록의 일반적인 팁들

자신에게 가장 잘 맞고 잘 할 수 있는 방법을 찾았다면 이것이 강의를 정리하고 기록하는 최상의 방법이다. 예전에는 노트에 강의내용을 기록하는 것이 대세였지만 요즘 세대들에게는 휴대용 스마트기기들(노트북, 스마트폰, 패드 등)을 사용하거나 사진으로 촬영하는 방법도 일반화되었다. 사진촬영의 경우는 수업 중 사용을 불허하는 사례도 적지 않고 단순히 수업에서 제시하는 정보만을 담을 수 있기 때문에, 학생 스스로의 기록을 통한 학습이라는 측면에서 바람직한 방법은 아닌 듯하다.

강의내용을 체계적으로 정리하면서 강의주제, 목적, 교수의 의도 등을 제대로 표기할 수 있는 방법을 찾아보자.

- 읽기 쉽게 충분히 기록한다. 노트에 기록한다면 수업이 끝난 후 다시 봐야하기 때문에 갈겨쓰지 않고 자신이 알아볼 수 있도록 쓴다. 분량 역시 자신이 이해하고 활용할 수 있을 정도로 충분한 내용을 기록하면 된다. 강의내용 대부분을 적는다 생각하고 가능한 한 많이 적는 것이 좋다.
- 강의내용은 짧은 문장 형태로 쓴다. 처음부터 상세하게 쓰지 않아도 되지만 중요 핵심어로 압축해서 문장을 쓰는 학생들은 나중에 읽어볼 때 정보내용이 너무 없다고 생각될 수 있으니 충분한 정보가 되도록 작성한다.

- 핵심 내용들은 표시를 해서 세부내용과 주요 사항을 구분한다.
- 내용을 보완해주는 사례나 중요 사례들은 *, ※ 등의 표기를 이용하면 좋다.
- 번호를 매겨 내용을 정리한다. 이 때 내용의 중요도 순서로 번호를 매긴다. 이유나 원인을 기술할 때도 번호를 매기는 것이 좋다.
- 파워포인트 자료를 이용할 경우, 세부내용을 상세히 적어놓아야 한다. 파워포인트 자료는 강의의 전반적인 흐름과 윤곽을 보여주며 주제어들로 나열된다. 핵심어만 듣고 있다가 세부내용을 써놓지 않으면 나중에 시험문제가 출제되었을 때 구체적인 내용작성이 어려워진다. 핵심어를 충분히 설명할 수 있을 정도로 써놓자.
- 토론수업을 기록할 경우, 미국의 코넬 대학에서 제안한 코넬식 노트필기방법을 추천한다. 코넬식 필기방법은 기록한 부분을 3부분으로 나눈다. 왼편에 교수가 제기한 문제 또는 토론 주제를 쓴다. 중간 부분에는 주제에 대한 대답들을 간결하게 적는다. 대답들을 쭉 적거나 중요하다고 생각되는 부분을 간략하게 적으면 된다. 마지막 오른편은 교수가 해주는 추가적 코멘트를 적으면 된다. 간략한 문장형태로 교수가 지적하는 중요 사항들을 적는다.
- 수업 중 도표, 그림 등 시각자료들을 사용하는 경우 도

표나 그림의 의미를 생각해보는 것이 우선이다. 교수가 전달하고자 하는 내용이 무엇인지, 왜 도표를 이용해서 설명하려는지 이해하면서 주요 도표나 그림을 그리고 아래에 설명을 넣는다. 관련 도표나 그림을 교재나 참고서에서 확인한 후 책의 페이지 번호를 적어둔다.

강의기록 활용하기

기록한 내용을 자신의 것으로 만들면, 시험이 다가와도 자신감을 가질 수 있다. 시험에서 최상의 결과를 얻기 위해 기록을 활용한 학습법을 실행해보자.

- 기록내용을 보며 '~란 무엇인가' '~의 역할은?' '~의 의미는?' '~는 어떻게 전개되었나?'와 같은 질문을 해보며 핵심 내용을 짚어보는 연습을 한다. 이렇게 질문하면서 수업에서 꼭 알아야 하는 것을 이해했는지 점검해본다. 또한 꼭 알아야하는 내용을 충분히 설명할 수 있는지 스스로 체크해본다.
- 스스로 질문들을 계속하면서 알고있는 문제와 더 시간을 들여야 하는 문제를 구분해본다. 알고있는 사항은 점검하고 더 공부할 필요가 있는 부분을 찾는다. 이렇게 하면 미숙한 부분들을 보완하고 완성할 수 있다.
- 수업 중 기록한 것과 교재를 통합한다. 수업에서 강의와

교재 사이에 서로 차이가 있을 경우, 기록한 내용에 교재에 들어있는 추가적인 자료들을 넣는다. 추가해야 할 자료가 많다면, 어느 부분과 연관되었는지 확실하게 표시해놓는다. 이렇게 강의 기록의 내용과 교재의 내용을 서로 보완해두면 공부할 때 여기저기 왔다갔다 하지않고 기록만 보면 된다.

강의 기록을 시험보기 하루나 이틀 전에 다시 볼 때까지 기다리지 말고 가능하면 수업이 끝난 후 훑어보고 틈틈이 읽어보자. 일차적으로, 강의 기록은 자신이 수업내용을 체계적으로 이해했는지 점검하는 과정이다. 한걸음 더 나가서, 반복해서 읽으며 자신의 의견이나 생각을 추가하면 더욱 좋다. 강의기록은 교수가 설명한 내용을 그대로 옮겨 적는 것이 아닌, 창의적으로 재조직하는 일이다. 용어나 정의를 쓸 때 자신의 관점으로 옮겨 적어놓으면 나중에 여타 학생들과 비교되는 독창적이고 차별화된 답안을 만들 수 있다.

05 책 읽기

평소 학생들이 책 읽기를 좋아하든 싫어하든 상관없이 대학은 예전과 다른 방식으로 책을 읽으라고 요구한다. 고도로 발전된 정보사회일수록 깊이 있는 독서와 책을 읽고 해석해내는 능력이 한층 더 필요해지기 때문이다. 제대로 잘 읽기 역시 대학에서 추구하는 기본적인 의사소통능력 중 하나이다.

책을 읽으라고 하면 마지못해 읽거나 건성으로 읽는 학생들이 있다. 그나마 형광펜으로 밑줄을 그어가며, 눈으로 페이지를 따라가며 읽는다면 대충 읽는 모습 보다 더 열심히 읽는 것처럼 보일 수 있다. 의무적으로 읽었으나 별로 기억에 남는 것도 없고, 읽고 나서 어떤 논지를 세워야 할지 모른다면 이는 수동적으로 책을 읽은 것이다. 정작 필요한 것은 적극적인 책 읽기이다. 적극적인 책읽기는 읽으면서 저자의 의도를 생각하고, 자신의 의견을 넣고, 자신의 생각에서 저자의 관점을 재수립하는 행위이다. 수동적 읽기보다 훨씬 역동적이고 생기가 있으며 몰입해서 읽을 수 있는 방법이다.

수업 전에 수업내용을 더 잘 이해하기 위해, 과제를 위해, 시험 준비를 위해서 등 여러 가지 이유에서 책을 읽는다. 많이 읽어야 할 시기에는 교재 포함 대략 한 주에 200페이지 이상을 읽어야 할 경우도 있다. 이렇게 읽을 양이 많아진다면 시험 전까지 다시 읽어볼 시간이 없을 수 있다. 어쩌면 단 한번 읽고 지나가야 할지도 모른다. 어떻게 하면 가장 효과적으로 읽을 수 있을까?

적극적으로 책 읽기

책을 읽으려면 우선 읽기를 통해서 무엇인가를 얻겠다는, 나름 무엇인가를 배워보겠다는 의지와 인내가 필요하다. 시간이 생각보다 더 많이 걸릴 수 있다. 적극적인 책 읽기는 대략 3단계에 거쳐 이루어진다. 첫 번째 단계는 준비단계이다. 준비단계는 책의 목록을 보면서 각 장이 어떻게 구성되었는지 각 장의 소제목들은 어떻게 나열되는지 살펴본 후 읽기의 목적이 무엇인지, 무엇을 얻을지 계획해보는 단계이다. 두 번째 단계는, 제기한 질문에 답을 찾으면서 기록하고 내용에 집중하면서 읽는 과정이다. 마지막 단계는 읽은 내용을 정리하고 반복해 보면서 기억하는 단계이다(이현우 외, 2001). 각 단계별 책 읽기의 특성이 무엇인지 살펴보자.

• 대략적으로 읽어보기

본격적으로 책을 읽기 전에, 5분~10분 정도에 걸쳐 읽을 부분을 대충 한번 훑어보는 과정이다. 한번 훑어보는 과정을 통해서 책을 제대로 읽기 위한 마음의 준비를 하게 된다. 그냥 한번 훑어보라니 아무 생각 없이 페이지를 넘기고, 그림이나 도표를 구경하고, 책 분량이 얼마나 되는지 알아보는 일은 아무 의미가 없다. 현명한 학생이라면 대략적으로 보면서 기본적으로 알아야 할 것들을 점검한다.

우선, 저자가 주제를 어떻게 정리했는지, 어떤 방식으로 설명해나가는지 개괄적으로 파악해본다. 각각의 주요 단원마다 제목에서 유추할 수 있는 핵심주제가 무엇인지, 핵심개념이 무엇인지도 생각해본다. 각 단원별 소제목별로 핵심 아이디어도 찾아본다. 한 걸음 더 나아서, 지금 읽고 있는 내용이 기존에 알고 있는 지식과 어떤 관련이 있을지, 저자가 말하는 주제에 대해 이미 어느 정도까지 알고 있는지 생각해보면 더욱 좋다. 준비단계에서는 아래의 사항들을 점검하면 된다.

- 각 장(障)의 제목을 보고, 무슨 내용일지 예측해보기
- 각 장의 소제목을 보고 핵심개념을 확인하기
- 도표와 그림을 확인하여 내용과 연관지어보기
- 도입부와 결론부분을 읽어보며 책의 전체적 구조와 핵심주제들을 어떻게 다루고 설명하는지 이해해보기

• 집중하여 읽기

한번 대충 읽어본 후에는, 책을 꼼꼼히 읽으며 읽은 내용들을 정리하고, 기억해두어야 하는 내용들을 표시하고, 주요 단어나 문장을 기록해보자. 읽으면서 저자의 논점을 파악하고 주요 논거들을 메모해둔다. 일단 표시를 해두고 논점이 전환되는 부분이 있다면 그 전의 주요 내용을 점검하며 기록하면 된다. 주요 논점, 정의나 사례 등을 표시하고 메모한다. 이때, 읽고 있는 내용을 반드시 생각해봐야 한다. 메모나 필기를 하면서 책의 내용을 정리하고 기억하고 숙고하는 과정을 거치게 된다. 읽으면서 책의 내용을 중요도 순으로 정리해놓으면 나중에 책을 다시 읽거나 시험 준비를 위해 다시 책을 봐야 하는 경우를 줄일 수 있다.

메모를 해보면 자신이 얼마나 제대로 이해하고 읽고 있는지도 점검할 수 있다. 정확히 이해하지 못했다면 다시 읽어보면 된다. 또한 메모나 필기는 나중에 기억하기 위해서라도 필요하다. 질문에 해답을 찾으며 읽어가야 하는 경우라면, 읽기 전에 질문을 다시금 확인해두자. 책의 내용이나 난이도에 따라 기록해두어야 할 부분이나 양이 다를 것이다. 과학책이라면 상대적으로 인문학 저서보다 메모할 양이 적을 수 있다. 집중하여 읽으며 메모나 필기를 할 때는 아래 사항대로 해보자.

- 핵심 주제와 핵심개념을 간략히 쓰자.
- 주제와 개념을 설명할 만한 정의나 사례를 찾아서 넣자.
- 주제와 개념을 세부적으로 자세히, 충분히 써보자. 자세

하고 충분하지 않다면 다시 읽어야 한다.

• 논거나 설명체계를 중요도 순서로 적어보자. 가장 중요한 설명부터 알아두면 좋은 사항까지 적는다.

• 이해하기 어려운 부분은 별도 표시를 해두었다가 교수나 선배에게 물어보자.

• 자신의 관점에서 정리하기

책 읽기의 마지막 과정은 읽고 난 후 읽은 내용을 되돌아보고 되새겨보는 데 있다. 메모나 필기를 할 때 '나 만의 문체로', '나 만의 언어로' 작성해보라. 책에서 읽은 내용 그대로 옮겨 적는 것이 아닌, 나 자신의 관점에서 문장을 만들어 보라. 이러한 훈련은 매우 중요하며 앞으로의 학업이나 시험 대비를 위해서도 필요하다. 재검토의 단계에서는 앞서 메모한 내용 중에서 큰제목, 소제목, 핵심개념들만 보고 이에 해당하는 내용들을 기억해보라. 떠오르는 내용이 빈약하다면 다시 읽어 보완해야 한다. 정리한 내용들을 다시 분류하고 의미를 부여해보자. 책을 읽으면서 내용에 주석을 다는 행위는 자신의 관점에서 이해하려는 노력을 말한다. 저자가 책 전체를 통해, 각각의 장을 통해 무엇을 말하고자 하는지, 무엇을 전달하려고 하는지 파악하면 성공적이라고 할 수 있다.

단순히 책의 내용을 이해하는데 그치지 않고 자신의 관점에서 읽은 내용을 생각하고 재구성하는 단계는 곧 비판적 읽기라고 할 수 있다. 비판적 읽기는 "글에 의해서 주어지는 정보를 이해하는 것에 그치지 않고 이것이 시사하거나 함축하는 의미를 자신의 입장에서 파악하고 해석하는 활동이다"(이현우 외, 2001). 비판적 읽기는 저자가 글을 쓴 목적, 저자의 논리 구성이나 사고의 전개 방향, 설명방식 등을 파악해야 가능하다. 비판적 읽기가 되려면 저자와 다른 시각과 다른 목적을 가져야 하고, 저자가 의도하거나 시사하는 점을 알고 있어야 한다.

경제학 수업시간에 노벨 경제학상 수상자인 밀턴 프리드먼에 대한 읽기 자료를 읽고 토론할 기회가 있었어요. 교수님이 한사람씩 돌아가며 "학생은 어떻게 생각하지요?"라고 집요하게 묻기 시작했어요. 학생이 우물쭈물하면 교수님은 유명한 사람의 사상을 단순히 아는 것은 아무 소용이 없으며 중요한 것은 너의 생각이라면서 학생들을 독려하곤 했어요. 책에서나 보던 소위 '소크라테스식 문답법'이었어요. 이 수업을 통해서 제 자신의 생각을 남에게 표현하고 나와 다른 생각을 받아들이고, 때론 논쟁하고 때론 수용하면서 해당주제를 보다 폭 넓고 균형 있게 다룰 수 있었어요.

위 사례에서 보듯, 대학의 학업은 책 읽기에서 정보나 지식의 습득과 이해를 넘어설 것을 요구한다. 대학에서는 이전과 달리 연구서적, 논문 등 어렵고 복잡한 글들을 많이 읽게 된다. 또한 이러한 글들을 읽고 토론하고, 저자와 다른 관점을 제시하고, 학생 자신의 의견을 주장해야 하는 경우가 빈번하다. 상황이 그러하기에 비판적 읽기는 대학의 학업에서 반드시 갖추어야 할 기본능력 중 하나이다.

교재 정리

교재 정리는 읽을 분량을 정해서 하루 혹은 일주일 단위로 목표량을 정하고 매일 꾸준히 해나가는 것이 중요하다. 수업을 듣기 전 강의계획서를 보면 다가올 수업에서 무슨 주제를 다룰지 미리 예상할 수 있다. 관련 주제를 교재에서 찾아 미리 읽어보고 자신이 갖고 있는 사전지식과 관련지어 생각도 해본다. 교재의 내용을 잘 이해하지 못한다면 이해가 안 되는 부분을 질문으로 남겨두면 된다. 미리 읽어보고 수업에 가면 많은 것을 얻을 수 있다. 즉, 교수의 관점, 의도, 생각 등을 더 잘 알 수 있고 더 나아가 수업을 들으면서 자신의 생각을 정리하고 의견을 만들어낼 수 있다.

수업시간에 교재를 이용하지 않더라도 교재라고 강의계획서에 명시되어 있으면 읽어두자. 수업이 끝난 후, 수업시간에 이해가 안 된 부분은 반드시 다시 찾아서 읽어본다. 교재가 너무 어렵다면 좀 더 쉬운 참고서적을 찾아보는 것도 한 방법이다. 교수가 교재의 순서대로 강의하지 않고 필요한 부분만 설명하는 경우, 수업 후 교수가 언급한 개념이나 주요 내용들을 교재에서 찾아 읽으며 보완해둔다. 정리할 때는 도표나 그림, 마인드맵 등의 방법을 활용해보자.

제 5 장

스마트한 학업관리:
과제와 시험

1) 과제 해결하기
- 리포트 작성하기
- 조별 과제
- 발표하기

2) 표절안하기
- 진짜로 실력있는 학생
- '표절'의 의미
- 학습 윤리를 위해서

3) 스터디그룹 200% 활용하기
- 스터디그룹 운영 방법
- 스터디그룹을 활용한 공부 방법

4) 시험보기
- 대학 성적의 중요성
- 시험 준비하기
- 시험 볼 때 유의할 점

01 과제 해결하기

대학 수업에서는 리포트, 조별 과제, 발표 등의 과제를 부여한다. 이는 학생을 수동적인 학습자가 아닌, 적극적인 학습자로서 학업 활동에 참여시키고자 하는 의도이다. 과목과 학문의 성격에 따라 과제의 난이도는 다르겠지만, 교수님이 부여한 과제를 해결하다 보면 대학에서의 학습방법을 이해하고, 수업 목표와 연결시켜 본인의 생각으로 정리하는 훈련을 할 수 있다.

고등학교 때까지 주로 시험을 통해 학업 수행 성취도를 평가받았다면, 대학에서는 시험 외에 과제활동을 평가받고 학점을 취득하는 비중이 커진다. 신입생으로서는 처음 접하는 대학 수업 환경도 생소하고, 과제의 평가 기준을 잘 모른다는 두려움 때문에 "제가 한다고는 했는데 제대로 잘한 건지 모르겠어요." 하며 의문을 표하는 경우가 많다. 리포트 쓰기, 조별 과제하기, 발표하기, 도대체 어떻게 하면 좋을까? 이제부터 하나씩 알아보자.

리포트 작성하기

• 리포트 형식

대학에서 제출하는 리포트 형식은 다음과 같다.

독후감, 감상문. 참고문헌에 제시된 서적을 읽고 독후감을 쓴다던지, 교수님이 제시한 수업 관련 영상물, 작품 등을 보고 감상문을 써서 제출하는 형태이다. 간략한 내용 요약을 하고 그에 대한 자신의 소감을 쓴다. 책을 읽거나 작품 감상을 통해 본인이 무엇을 느끼고 새롭게 알게 되었는지, 그에 대한 자신의 주관적인 느낌과 생각을 적는다.

체험 및 답사보고서. 역사나 문화를 다루는 수업에서 유적지를 답사하거나 문화 이벤트를 체험하고 쓰는 보고서이다. 산업체 현장을 견학하기도 하고, 관련 인사 인터뷰를 해야 하는 경우도 있다. 이런 체험·답사 보고서를 작성할 때는 보고 들은 내용을 정리하는데 그치지 말고 수업목표 안에서 수업 중 배운 내용과 이론에 접목하여 자기의 경험의 가치와 의미, 실제 체험하면서 알게 된 점 등을 적고, 체험 및 답사를 입증할 만한 사진 및 자료를 첨부하도록 한다.

서평. 서평은 주관적 감상과 객관적 가치평가의 성격을 함께 갖고 있다. 책이 나오게 된 배경, 책이 문제 삼는 내용, 책이 제시하는 핵심 주장 등을 언급한 후, 그에 대한 서평자 자신의 판단과 기준을 제시하고 글을 전개한다. 저자의 입장을 분석하고 그에 대해 평가하면서, 사회문화적 맥락에서 책이 지닌 의의와 한계, 전망을 정리한다.[2)]

연구보고서. 서론, 본론, 결론으로 구성되고, 학술적인 내용이나 시사 쟁점을 다룬다. 연구 주제에 대한 문헌 및 이론 고찰, 관련 자료 분석을 통한 자신의 견해를 피력한다. 폭넓은 자료 분석과 비판적인 사고 과정을 통해 자신의 입장을 논리적으로 전개한다.

실험실습보고서. 주로 자연과학 분야에서 쓰는 리포트 형식이다. 실험목표와 실험날짜, 실험실습에 사용된 방법, 도구, 실험 환경 등 실험실습 과정 및 그 결과에 대해 서술한다. 조별실습으로 활동한 경우, 참여자 수와 참여자의 역할을 어떻게 분담하여 수행했는지도 기재되어야 한다. 실험실습 과정과 결과에 대해 서술할 때 사진, 도표, 통계 수치, 그림으로 제시하면 보고서의 신뢰도는 높아진다.

• 리포트 유형

실험실습 보고서 및 연구조사 보고서. 자연과학이나 사회과

2) 이화여자대학교 교양국어 편찬위원회 『우리말 · 글 · 생각』, 이화여자대학교출판부, 2006.

학 분야에서 주로 쓰는 리포트 유형이다. 연구 가설을 세우고, 이 가설이 성립되는지를 알아보고자 실험 및 연구조사를 실시한 뒤, 실험 및 조사 결과를 기록한다. 내용의 구성은 대략 다음과 같다.

〈자연과학〉	〈사회과학〉
- 실험실습 목적	- 연구 목적
- 실험 가설 설정	- 연구가설 설정
- 선행 연구, 이론, 원리 등 이론적 배경 고찰	- 선행 연구, 이론, 원리 등 이론적 배경 고찰
- 실험 방법 기술 (연구 대상, 연구 절차, 연구 방법 등)	- 연구조사 방법 기술 (연구 대상, 연구 절차, 연구 방법 등)
- 실험 조사 결과 제시	- 연구조사 결과 제시
- 실험 결과에 대한 해석	- 연구조사 결과에 대한 해석
- 요약 및 결론	- 요약 및 결론

학술적 에세이. 인문과학이나 사회과학 분야에서 주로 활용하는 리포트 유형이다. 기본적으로 서론, 본론, 결론으로 구성되는데, 내용에 따라 자유로운 구성도 가능하다. 텍스트에 대한 이해와 요약, 논평, 자신의 주장이 포함된다.

• 리포트 작성 방법

주제 선정. 이 단계에서 해야 할 작업은 '주제 좁히기'이다. 한 편의 글에는 자신이 다룰 수 있는 하나의 주제만을 다룬다. 폭이 좁을수록 깊이 있게 다룰 수 있다. 선정한 주제가 연구 측면에서 가치가 있고 독창적이거나 참신하다면 더할 나위 없이 좋다.

자료 수집. 선행 연구나 기초 문헌을 보기 위해서 인터넷 도서관 사이트를 통해 주제어로 검색하면 관련 자료 목록을 볼 수 있다. 자료 찾기가 어려울 때는 대학 도서관 주제사서의 도움을 받아보자. 자료는 관련 서적, 참고문헌, 논문, 학술지 등 폭넓게 수집한다. 이 외에 인터뷰를 통한 자료 수합, 직접 관찰, 측정, 실험을 통해 자료 수집을 할 수 있다.

〈자료 검색 사이트〉

- 대학 도서관 외에 국가전자도서관(www.dlibrary.go.kr)을 활용하면 국립중앙도서관, 국회도서관, 법원도서관, 한국과학기술도서관 등 국내 주요 도서관과 연계되어 통합 검색이 가능하다.
- 학위 논문 및 소논문 검색
  - RISS (학술연구정보서비스) : www.riss.kr
  - DBPIA : www.dbpia.co.kr
  - KISS (한국학술정보) : kiss.kstudy.com
  - KCI (한국학술지인용색인) : www.kci.go.kr

* 대부분 대학이 기관회원으로 가입되어 있으므로 대학 도서관 PC에서 검색하여 해당 사이트를 들어가면 유료 자료도 무료로 볼 수 있다.

개요 구상. 이제 자신의 주장을 논리적으로 어떻게 풀어야 할지 개요를 잡아보자. 서론, 본론, 결론의 틀 안에서 각각 포함되어야 할 내용을 메모한다. 서론은 문제제기와 연구목적을, 본론은 주요 주장과 근거, 결론은 전체 내용 요약 등으로 구성할 수 있다.

자료 취사선택. 개요가 잡히면 구체적으로 각 구성 부분에 어떤 내용을 쓰고 배치할 것인지를 결정한다. 자료를 읽으면서 필요한 내용을 한 파일에 모아서 정리하거나, 포스트잇으로 페이지에 표시를 한다던가, 카드로 정리해두면 글을 쓸 때 해당 자료를 찾는 시간을 줄일 수 있다. 되도록이면 최근까지의 연구 성과가 집약된 최신 자료를 활용하도록 한다. 선택된 자료의 출처를 기록해놓으면 나중에 참고문헌 목록을 작성할 때 편리하다.

초고 작성. 자료도 다 준비되었고 개요 구상도 끝났다면, 이제 글을 써보자. 처음부터 완벽하게 쓰려고 하지 말고 일단 써본다. 이 단계에서는 세부적인 표현에 연연할 필요가 없다. 자신의 관점이나 주장하는 바가 잘 드러날 수 있도록 논리적으로 전개하는데 중점을 둔다. 서론에서는 연구 주제, 연구 목적, 본문 내용 및 범위를 간략히 언급한다. 본론에서는 주요 관점 및 주장, 이를 뒷받침하는 논거, 사례 제시, 또는 비교 및 대조, 원인과 결과, 문제제시와 해결방안 등의 내용이 포함될 수 있다. 결론에는 본문 내용 요약, 주장 및 분석 결과에 대한 강조, 의의, 방향제시, 문제점 및 한계 등을 언급한다.

〈주석 달기〉

본문에 인용한 내용이 있다면 인용 출처를 밝혀야 한다. 주석을 본문 안에 쓸 수도 있고, 각주를 달 수도 있다. 문구를 인용한 뒤 본문 안에서 출처를 밝히려면 "........(김재연, 2014)" 식으로 저자명과 출판 연도를 괄호 안에 표기한다. 신문기사내용을 인용한다면 신문사와 기사 게재 날짜를 괄호 안에 적는다. 각주를 달면 본문 하단에 작은 글씨로 표기되므로 상세하게 적을 수 있다. 논문을 인용할 경우 "논문 저자명, 논문 주제, 석박사논문 구분, 대학교, 연도, 인용 페이지" 순으로 적고, 단행본에서 인용할 경우 "저자명, 책 제목, 발행지, 출판사, 출판연도, 페이지" 순으로 적는다.

초고의 재검토. 이 단계에서는 초고의 계획대로 잘 썼는지 새로운 기분으로 남의 글을 읽듯이 반복해서 읽고 평가해본다. 자신의 주장과 관점이 의도한대로 잘 표현되었는지, 논리적으로 전개되었는지를 본다. 어색한 표현부터 좀 더 보완해야 할 부분, 맞춤법부터 띄어쓰기까지 좀 더 정교하게 손질한다.

참고문헌 정리. 리포트를 작성하며 참고한 서적이나 논문은 모두 참고문헌에 포함시킨다. 책은 저자 이름, 서명, 출판사, 발행연도 순으로, 논문은 필자명, 논문 제목, 게재지명, 권, 호수, 발행연도 순으로 정리한다. 참고문헌을 작성할 때는 저자 이름이 먼저 제시되므로 저자 이름의 가나다순으로 참고문헌 목록을 정리하면 된다.

조별 과제

조별 과제란 4~5명 단위로 그룹을 나누어 주어진 주제에 맞게 문제를 해결하고 조별로 평가를 받는 과제를 말한다. 사회에서 업무 효율성 향상과 원활한 소통을 위한 팀워크가 중요해지면서 대학에서도 협업 능력을 길러주기 위해 수업에 조별 과제를 포함하는 비중이 커지고 있다. 학생들은 조별 과제를 통해 공동으로 협력하여 문제를 해결해나가는 학습과정을 경험하면서 성취감을 맛볼 수 있고, 조에서 만난 새로운 사람들과 다양한 인간관계를 맺으며 의견 조율 능력과 발표력 등을 기를 수 있다. 조별 과제는 함께 만든 결과물에 대해 공동의 점수를 받기 때문에 조원 전체가 책임감을 가지고 역할을 수행해야 서로에게 피해를 주지 않고 좋은 점수를 받을 수 있다. 성공적인 조별 과제 활동을 하려면 어떻게 해야 할까?

● 성공적인 조별 과제 운영 Tip

- 조별 과제의 주제와 목표를 함께 의논하여 설정한다.
- 작성할 보고서나 발표 자료의 개요를 함께 구상한다.
- 구성원의 역할을 정한다. 조장, 자료 조사를 할 사람, 자료 수합하여 보고서를 작성할 사람, PPT 만들 사람, 발표자 등 맡은 파트의 분량을 가늠하여 한 사람에게 과도하게 많은 일이 몰리지 않도록 적절히 분배한다.
- 조장의 리더십이 중요하다. 구성원의 역량에 따른 역할 분배, 업무 분장을 위한 의견 조율, 운영 규칙, 구성원의 참여도 체크, 과제 진행 과정 수시 점검 등 원활한 과제 활동 진행에 차질이 없도록 조장이 전반적인 상황을 조율해야 한다.
- 모임 전에 맡은 파트 내용을 충분히 준비한 뒤 만난다.
- 오프라인 모임이 부담되어 자주 만날 수 없을 때는 온라인 도구를 활용해보자. 요즘엔 문서와 PPT를 공동 온라인 공간에 올리고 온라인 토론을 하면서 조원이 동시에 공동 편집, 수정할 수 있는 프로그램들(원드라이브, 드랍박스, 원노트 등)이 있다. PC 외에 태블릿 PC나 모바일을 통해서도 접근하여 편집할 수 있으므로 이런 도구를 활용하면 공간의 제약 없는 공동 작업이 가능하다.
- 구성원들과 친목을 도모해보자. 낯선 사람들이 모여 함께 협력하는 작업인 만큼 자유로운 소통을 나눌 수

있는 분위기 조성이 필요하다.

조별 과제는 여러 명이 함께 의견 조율을 하며 작업을 해야 한다는 피로감 때문에 꺼려질 수도 있다. 특히 서로에 대한 예의를 지키지 않고 협력하지 않을 경우 참여한 학생 모두에게 힘든 기억으로 남을 수 있으므로 무임승차, 연락두절 등 무책임한 행동은 주의해야 한다. 다음은 조별과제에서 시행착오를 겪었던 신입생의 사례이다.

> 팀 과제를 수행하는데 어려움이 있습니다. 4명이 팀이 되어 '교통문제 해결'에 대한 보고서를 작성하는 과제였습니다. 4명 조원의 미팅 날짜를 잡는 것부터가 어려웠습니다. 어렵게 미팅을 하더라도 아이디어를 적극적으로 내놓는 사람이 없었습니다. 저 또한 평소 그다지 활발하거나 활동적인 사람이 아닌데, 분위기가 이렇다 보니 제가 나서서 아이디어를 내고 적극성을 띠게 되었습니다. 각자의 스케줄 때문에 또다시 모임 일정을 잡지는 못하고, 일을 분담한 후에 각자 해온 것을 모으기로 결정했습니다. 그런데 취합한 보고서의 결과가 매우 실망스러웠습니다. 내용을 유기적으로 엮을 수가 없었습니다. 팀으로 작업한다는 것이 이렇게 어려운 일인지 정말 몰랐습니다.

위 사례를 보면, 실제로 조원들의 스케줄을 조정하여 정기적인 모임 시간 잡는 것도 어렵고, 목표와 개요잡기에 대한 충분한 의논이 부족하거나 조원들이 수동적으로 참여할 경우 어떤 결과에 봉착하게 되는지를 볼 수 있다.

다음은 조원들이 적극적으로 조별과제 활동을 하였으나 기대만큼 좋은 평가를 받지 못했던 사례이다.

> 교수님이 조별 발표 과제를 내주셔서 조원들이 진짜 열심히 준비했는데, 좋은 평가를 못 받았어요. 정작 교수님은 "너희 팀은 내가 왜 이런 주제를 과제로 주었는지에 대한 의미를 이해 못하고 있다" 고 하시면서 의도한 방향과 너무 다르다고 하시는 거예요. 열심히만 하면 되는 게 아니라 교수님의 의도와 기대사항을 먼저 이해하고 준비해야 한다는 것을 알았어요.

이 사례는 조별과제를 할 때 수업목표와 교수님이 과제를 내준 의도를 먼저 이해하고 과제수행의 방향을 잡아야 열심히 준비한 노력이 헛되지 않는다는 것을 보여준다.

여러 사람이 함께 하는 작업은 생각보다 어려울 수 있지만, 직접 부딪히며 문제를 해결하다보면 조별과제 운영 노하우를 터득하게 될 것이다. 시행착오 사례와 조별과제 운영 tip을 잘 참조해서 성적도 잘 받고, 다양한 인맥도 쌓아가는, 두 마리 토끼를 다 잡는 성공적인 조별과제 활동을 꾸려보도록 하자.

발표하기

• 발표 준비하기

발표의 목적 설정하기. 발표하고자 하는 목적이 무엇인지를 먼저 분명히 설정해야 한다. 정보 제공을 위한 것인지, 설득하기 위한 것인지, 동기부여를 통해 청중의 행동을 유도하기 위한 것인지, 발표의 목적에 따라 내용 구성과 표현 방법, 시각자료가 달라진다. 보통 수업 상황에서의 발표는 지식을 전달하는 정보 제공에 주목적이 있다.

청중 분석하기. 발표는 듣는 사람, 즉 청중이 누구인가에 따라 내용 구성과 성격이 완전히 달라진다. 수업에서의 청중은 주로 학생들이므로 수업 규모, 전공, 학년, 연령, 성별 등을 분석해서 발표 내용을 준비한다. 청중의 경험과 연관시켜 사례를 들어 설명하면 발표내용이 얼마나 귀에 쏙쏙 들어올 것인가!

발표 내용 구성하기. 청중이 쉽게 이해하도록 발표 내용은 일정한 구조를 갖춰야 한다. 도입-본론-결론으로 구성을 잡고, 본론 부분의 핵심 내용을 5가지 이내로 정리해보자. 구성을 탄탄하게 잡은 발표일수록 청중은 발표자가 전달하려는 메시지를 분명히 인지하게 된다. 도입 부분은 발표의 동기와 목적을 분명히 언급하고, 전체 내용의 요점을 간단하게 제시하여 청중의 이해를 높인다. 본론 부분은 핵심 내용을 구조화해서 소제목을 달고, 이를 뒷받침할만한 근거자료나 이유를 제시하는 방식으로 정리해본다. 결론에서는 발표의 동기와 목적을 다시 언급하고 전체 발표 내용의 주된 논점을 정리한다.

발표 자료 만들기. 발표 내용이 효과적으로 전달되어 청중의 마음과 뇌리에 무언가가 남는 것이 중요하다. PPT는 발표자가 전달하려는 내용을 시각적으로 정리해주는 효과가 있다. PPT에 모든 내용을 담으려고 애쓰지 말고, 핵심 내용을 한 눈에 알아볼 수 있도록 정리한다.

발표 장소 미리 점검하기. 발표 장소에 미리 도착해서 발표 도구를 미리 점검한다. 강의실에 전자교탁 프로젝터가 설치되어 있다면 이용법을 사전에 숙지해놓는다. 발표자가 준비한 PPT 발표 파일과 동영상 등 시청각 자료들이 제대로 열리는지 확인해본다. 마이크도 제대로 소리가 나는지 체크해본다.

발표 리허설 해보기. 충분한 연습만이 살 길이다. 친구들 앞에서도 시연해보고 의견을 들어본다. 혼자라면 거울 앞에서라도 시연해보고 동영상을 찍어 점검한다. 이렇게 반복해서 연습하다 보면 발표 내용도 숙지하게 되고, 발표 시간, 발표 상황에서의 자세, 행동, 표정 등을 익숙하게 컨트롤하게 되면서 자신감을 가질 수 있다.

• 발표할 때 주의할 점

청중과 효과적으로 소통하기. 발표는 청중과 소통하는 행위이다. 발표자가 시선을 원고에만 고정시키며 읽기에만 집중한다면 전달력이 확연히 떨어진다. 청중과 아이컨텍을 하면서 자신감 있게 말해보자. 청중의 반응을 느껴보면서 그에 따라 적절히 강약을 조절하는 게 좋다. 발표자의 당당한 목소리, 단정한 자세, 밝은 표정 등은 청중에게 좋은 인상을 남길 수 있으며, 발표 내용 사이에 적절한 유머를 사용하는 것도 발표의 활력을 북돋을 수 있다.

발표 시간 지키기. 수업 시간은 정해져 있다. 발표가 길어지면 원활한 수업 진행에 차질이 생긴다. 발표 시간은 나만의 시간이 아니라 수강생들의 공동의 시간임을 잊지 말자. 발표 시간 내에 마치려면 예행연습을 해보고 예상 소요 시간을 가늠해서 발표내용을 미리 손질해놓는다.

발표 주제 리마인드 하기. 발표 마무리 단계에서 다시 한 번 발표의 핵심 내용을 언급하라. 청중들이 지금까지 들은 내용을 마무리단계에서 발표자가 다시 정리해주면 전달하고자 했던 메시지가 분명해진다. 발표 전체를 아우르는 핵심주제나 결론에 대해 유명한 문구나 광고카피, 시 구절 등을 인용하여 정리해주면 청중들에게 깊은 여운을 남길 수 있다.

발표 후 질문 시간 갖기. 발표가 끝난 다음에는 청중들에게 발표 내용에 대해 질문 시간을 준다. “제가 준비한 내용에 대해 질문 있으십니까?” 질문에 대한 답변은 간략하게 한다. 질문이 나오지 않을 경우를 대비하여 사전에 질문 목록을 준비하여 “이런 의문을 가지실 수도 있을 것 같습니다” 라고 먼저 제시하며 설명할 수도 있다. 당장 답하기 어려운 질문이 나왔다면 “그 부분은 제가 미처 준비하지 못한 부분이네요”, “앞으로 연구가 더 필요한 부분인 것 같습니다” 라고 솔직히 시인하고 이에 대해 현명한 답변을 줄 수 있는 또 다른 청중들에게 물어보며 토론을 유도하는 것도 좋다.

02 표절 안하기

진짜로 실력있는 학생

그러나 진짜로 실력있는 학생이 되기 위한 매우 중요한 조건이 하나 더 있다. 바로 표절안하기이다. 학생들이 리포트 같은 과제물을 작성하면서 소위 'Cut and Paste'를 밥 먹듯이 한다면 교육과 학습의 질은 꽝이 된다. 근래 공직 후보들이 교수 시절에 발표한 논문들이 표절로 밝혀져 낙마하는 사례가 줄을 이으면서 학계의 연구윤리 불감증에 대한 질타가 이어졌다. 하지만 이런 표절 문제에 우리 학생들도 예외가 아닌 것이다. 한국 대학에 만연해 있는 과제물 표절 관행은 그야말로 대학 캠퍼스 문화의 오랜 병폐현상이었다. 인터넷에 널려있는 정보를 마치 자신의 아이디어인양 그대로 베껴내는 과제물은 학생을 망치는 근본이다. 이래서야 주제에 대해 진지하게 사고할 이유가 없고, 학문적 진전도 창의성도 기대하기 어렵다. 또한 자신의 기본 양심을 해치는 일이기도 하다.

'표절'의 의미

'표절'(plagiarism)은 원래 '아이들을 유괴하는 해적들' 혹은 '노예 도둑'을 뜻하는 라틴어 'plagiarius'에서 유래한 것으로 알려져 있다. 이를 감안한다면 표절은 '다른 사람의 (정신적) 아이를 훔치는 행위'로 이해될 수 있다. 일상생활에서 남의 물건이나 재화를 훔치는 것을 범죄 행위로 간주하듯이, 학술 공동체 내에서는 남의 정신적 결과물을 훔치는 것이 비난받아 마땅한 비윤리적 행위이다. 한편 의도성이 없을 지라도 타인의 글을 부주의하게 활용하는 경우가 흔히 있을 수 있다. 특별한 의도 없이도, 인용표기를 하지 않거나 거의 무의식적으로 남의 글의 일부분을 변형, 수정하여 자신의 글인 것처럼 제출할 수도 있다. 그러나 이런 경우들도 엄밀하게 말하면 표절이다.

학습 윤리를 위해서

최근 들어 이러한 사태의 심각성을 자각한 일부 대학에서 연구 및 학습 윤리에 대해 관심을 갖고 이를 바로 잡기 위한 노력을 기울이기 시작했다. 검색 엔진을 도입해서 표절 체크 시스템을 운영하기도 하고, 과제물 제대로 쓰기에 도움을 주기위해 글쓰기클리닉(Clinic)을 운영하는 대학들도 증가하고 있다.

03 스터디그룹 200% 활용하기

스터디그룹이란 공동의 학업 목표를 이루기 위해 정기적으로 모임을 가지며 학습, 토론 및 지식을 공유하는 그룹 활동을 말한다. 그룹으로 학습활동을 하면 개별로 학습할 때보다 학업 내용을 보완하면서 학업 성취도를 향상시킬 수 있다. 또한 다양한 의견을 주고받으며 자유로운 토론 문화를 경험함으로써 비판적 사고를 기를 수 있다. 동기, 선배들과 어울려 자율적으로 스터디그룹을 운영하고 공부한 경험은 대학시절의 값진 추억으로 남게 될 것이다. 스터디그룹을 통해 과제나 시험 준비를 효과적으로 할 수 있는, 스터디그룹 200% 활용하는 법을 알아보자.

스터디그룹 운영 방법

각자의 학업 목표를 달성하면서 스터디그룹의 시너지효과를 내기 위해서는 본격적으로 공부하기에 앞서 명확한 운영 지침을 정할 필요가 있다.

• 스터디그룹 참여 인원은 3~7명 정도가 적당하다.

자료를 공유하고 의견을 나누려면 최소 3명 이상은 되어야 하고, 7명이 넘어가면 너무 많아 효과적인 활동이 힘들어진다.

• 스터디그룹의 공동 목표를 구체적으로 정한다.

분명한 학습 효과를 얻으려면 "토익 000점 이상", "교재 예제 다 풀어보기" 와 같이 구체적인 학습 목표를 설정해야 한다.

• 모임 일정과 그에 따른 학업계획을 세운다.

언제 모여서 무엇을 할지 미리 계획을 세운다. 매주 정기적으로 모이기로 했다면 주차별 학업주제와 학업량을 정하고 되도록 구체적으로 계획을 세운다.

• 스터디그룹 운영을 위한 역할을 분담한다.

대표 학생, 서기, 장소 섭외자, 총무 등의 역할을 구분하여 맡는다. 대표학생은 학습계획 수립과 운영, 서기는 학습내용 기록과 공유, 장소 섭외자는 스터디 장소 사전 확보 등 각자 역할을 나눠 수행한다.

• 공부를 하고 스터디그룹에서 만나자.

스터디그룹은 각자 공부해온 것을 나누는 자리이다. 나눌

게 없으면 얻어갈 것이 없다. 이를 위해선 매주 공부할 내용과 분량을 분명히 정해서 공유하고, 각자 책임감을 가지고 공부를 한 뒤 준비된 상태에서 스터디그룹에 참여해야 한다.

• **필요한 경우 튜터를 구하라.**

공부하다 보면 팀원 모두 이해하지 못한 부분이 있을 수 있다. 서로에게 튜터(tutor) 역할을 할 수 없다면, 전공 선배나 담당 교수님을 찾아가 모르는 부분은 꼭 해결하고 넘어가자.

스터디그룹을 활용한 공부 방법

학습내용을 머릿속에 '입력(input)'하는 단계는 혼자서 해야 하지만, 제대로 이해했는지 꺼내서(output) 확인하는 작업은 스터디그룹을 통해서 하면 효과적이다. 스터디그룹 활동을 하며 배운 내용을 명확하게 정리할 수 있고, 학습 전략과 방향을 잡는데 도움을 받을 수 있다. 또한 혼자서는 찾을 수 없었던 정보나 자료도 함께 공유함으로써 보다 풍부한 학업 자원들을 확보하게 된다.

• **스터디그룹을 통해 점검해보자.**

내가 제대로 이해한 건지, 못보고 지나친 부분은 없었는지, 잘못 알고 있었던 내용이나 보완해야 할 부분은 없는지를 스터디그룹을 통해 점검하고 해결 방법을 찾아본다. 점검할 때 다음과 같은 방법을 활용해 볼 수 있다.

질문하고 답하기. 주차별 학업 주제에 대해 각자 돌아가면서 질문을 만들고 그에 대해 '말로' 대답을 한다. 안다고 생각했던 부분에 대해서 의외로 말로 설명이 안 될 때가 있다. 내용을 확인하는 질문을 만들어보는 것도 공부다.

강의해보기. 주차별 핵심 주제에 대해 돌아가면서 담당자를 정해 간략하게 강의해본다. 발표자는 담당한 주제에 대해 간략하게 정리한 요약본을 팀원들에게 나눠주고 설명한다. 이 과정에서 팀원들은 공부한 내용을 다시 들으며 복습하게 되고, 발표자는 강의를 준비하며 내용을 확실하게 숙지하게 된다.

테스트하기. 각자 공부해온 내용을 얼마나 잘 숙지하고 있는지 서로 테스트하는 시간을 가진다. 스터디 시간 초반에 지난주에 다뤘던 내용을 돌아가면서 간단한 퀴즈를 내봄으로써 자연스럽게 복습의 기회를 늘린다든지, 영어 스터디를 한다면 모임 시작 10분은 지난 주 다뤘던 내용의 어휘 테스트를 해본다.

서로 시험 예상문제를 내고 답안 써보기. 시험 전에 활용하면 좋다. 해당 과목에 대해 각자 기출문제를 알아보고 시험 예상문제를 공유해보면 내가 학습 방향을 잘 잡고 공부하는지 감을 잡을 수 있을 것이다. 답안 써보기도 마찬가지다. 팀원들이 같은 예상 문제에 대해 어떻게 작성했는지를 보면 내 답안 작성에 어떤 점을 보완해야 할지를 알게 될 것이다.

• 서로 피드백을 해주자.

영어 에세이 작문 과제가 있다면 서로의 에세이를 첨삭해보자. 한 사람의 에세이를 5명이 첨삭해주면 5편의 수정본이 나오게 된다. 발표 과제를 준비할 때, 팀원들 앞에서 시연을 해보면서 여러 명의 의견을 받아보면 생각지도 못한 부분에서 좋은 아이디어를 얻을 수도 있다. 조용한 모임보다 좀 더 활발한 의견 교류가 이뤄지는 왁자지껄한 토론 분위기를 만들어보자.

• 매주 다룬 학습 내용을 기록하여 자료로 남긴다.

말로 주고받은 내용을 기록하지 않는다면 기억 속에서 금방 사라진다. 발표자의 요약본, 토론하면서 나눈 내용, 새로운 아이디어를 그때마다 정리하거나, 오답 노트 등을 만들어둔다면 그 자체로 훌륭한 시험 준비 자료가 될 것이다.

04 시험보기

대학 성적의 중요성

> 이제부터는 뭔가 달라져야 할 것 같고, 그리고 대학생활을 뜻있고 알차게 보내야겠다고 생각해서 대학생 대상 자기계발서들을 읽어보았습니다. 그런 책들을 보면 하나같이 '학점이 중요하지 않다'고 하는데, 그게 맞는 말인가요?

입학 후 처음 맞는 중간고사는 생각보다 너무 일찍 찾아온다. 신입생 개강파티, 환영파티, 동아리 모임과 뒤풀이… 그러다보면 중간고사 기간이다. 공부 외에도 이것저것 재미있는 일들이 많은데 적당히 시험 준비해도 되지 않을까? 이 즈음이면 '대학생활에서 학점은 별로 중요하지가 않다' 는 말이 솔깃하게 들릴 것이다.

그러나 이 말을 곧이곧대로 믿다간 낭패보기 십상이다. 평생자기계발 시대에, 고학력화에 따라 취업 경쟁도 치열한 요즘, 잘못 관리한 대학 성적은 두고두고 후회거리로 남을 수도 있다. 대학을 졸업하고 취직을 하거나, 이직을 할 때, 대학원에 진학을 할 때 지원 회사나 대학원에 제출해야 하는 서류에는 '대학 성적증명서'가 꼭 포함되어 있다. 대학 재학 중에도 복수전공, 교환학생, 교직이수 등 학생들을 위해 마련된 다양한 제도들도 성적관리가 되어 있지 않다면 선택의 폭은 좁아질 수밖에 없다. '학점은 중요하지 않다'는 말은 '너무 학점에만 목매달지 말라'는 뜻이다. 학점이 대학생활의 전부는 아니지만 잘 관리해둘 필요는 있다. 그럼 이제 어떻게 시험을 준비하면 좋을까?

시험 준비하기

• 시험 준비는 언제부터?

시험 준비는 시험보기 3주 전부터 시작하자. 시험기간 3주 전부터 준비한다는 말을 3주 전쯤 공부할 내용을 처음 보기 시작한다는 뜻으로 오해하지 말자. 평상시에 수업에서 무엇을 배우고 있는지 파악하고 있어야 한다. 본격적으로 시험 준비를 시작할 때 과제 제출 시기와 겹치지 않도록 리포트나 조별 과제는 미리 해놓는 게 좋다.

• 3단계 시험 준비법

1단계. 첫 번째, 평상시에 하는 학습이다. 예습·복습과 노트필기 정리가 이에 해당된다. 수업을 듣고 나면 일단 이해를 위주로 정리해본다. 교재 내용과 교수님 강의에 나온 내용들을 잘 조직해서 중요한 핵심 내용들은 잘 체크해두고, 수업 중 놓치거나 이해 못한 내용들은 교재나 참고문헌, 친구들과의 토론, 교수님께 질문하기 등을 통해 보충해서 노트에 정리해놓는다. 다양한 시청각 자료를 활용하는 수업일 경우, 시청각 자료에 대한 교수님의 코멘트도 놓치지 말고 메모하자. 시험범위는 교재로만 국한되지 않는다. 참고문헌이나 시청각 자료도 전체 맥락 안에 포함시켜 공부한다. 이를 위해 강의를 녹음해서 다시 들어볼 수도 있고, 친구들의 노트를 서로 공유할 수도 있다. 수업이 끝난 후 2~3시간 내에 정리해야 복습에 소요되는 시간이 가장 짧으면서도 기억이 오래간다. 복습하지 않은 상태에서 6일 이상 시간이 흐르면 배운 내용의 20~25%만 기억한다는 연구 결과도 있다.[3] 어찌됐든 그 날 배운 내용은 그 날, 늦어도 일주일 이내에 복습하자.

2단계. 두 번째는 중요한 내용 위주로 요약본을 정리하고 외우는 것이다. 내용을 이해하고 파악하는 단계를 거쳐, 이제 핵심내용을 머릿속에 '입력'하는 단계이다. 이해와 학습은 다

3) W.R. Luckie & W.Smethurst 공저, 『학습의 기술-대학에서의 공부전략』, 학지사, 2002.

르다. '안다'고 해서 시험문제에 대한 답을 적을 수는 없다. 글로 쓸 수 있으려면 '안다'고 하는 정보수집 단계를 넘어 머릿속에 분명하게 각인되어 있어야 한다. 평상시 노트 정리가 잘 되어 있다면 대주제-중주제-소주제별로 핵심 내용의 뼈대나 체계가 잡혀있을 것이다. 전체 구조 안에서 일목요연하게 잘 정리된 핵심내용들을 수시로 복습하면서 암기한다. 정리가 잘 되어 있다면 그리 오랜 시간이 걸리지 않는다. 최소 5일간 매일, 1시간 분량 내용을 1~2분 내로 복습하면 배운 내용의 80~85%는 기억해낸다고 한다.[4] 간략하게 정리한 노트나 파일을 등하교 시간에 틈틈이 반복해서 읽든지, 이마저도 귀찮다면 항상 휴대하고 다니는 스마트폰으로 직접 요약본을 읽어 녹음을 하고 수시로 듣는 방법을 활용해볼 수도 있다.

3단계. 세 번째는 시험 범위 내 자료들을 전체 맥락에서 훑어본다. 뼈대에 살을 붙이는 과정이다. 이미 핵심 내용은 파악하고 암기가 된 상태이긴 하나, 시험 보기 전에 느긋한 마음으로 전체 맥락에서 다시 한 번 훑어본다. 큰 틀 안에서 핵심 내용과 관련된 다양한 논점과 사례를 보강하고, 연도, 수치, 도표 등 답안을 작성할 때 보다 확실하게 뒷받침할 수 있는 디테일한 내용까지 다시 꼼꼼히 체크해본다. 요약 내용만 볼 때 미처 발견하지 못했던 연결 고리를 전체 맥락 안에서 찾아내어

---

4) W.R. Luckie & W.Smethurst 공저, 『학습의 기술-대학에서의 공부전략』, 학지사, 2002.

조직하면 나만의 새로운 관점이 발현될 수 있다. 그동안 학습했던 것이 발효 숙성되어 창의성이 발휘되는 순간이기도 하다. 그런 아이디어들을 놓치지 않고 다시 메모해두었다가 서술형 답안을 작성할 때 녹여내면 교재 내용만 외워 똑같이 적어내는 다른 학생의 답안지와는 차별화된 관점과 창의성으로 높은 평가를 받을 수 있다.

어떤 시험 문제가 나와도 수업에서 배운 내용을 충분히 소화하고 답안을 적을 수 있으려면 세 번 정도는 배운 내용을 봐야 한다. 대학 교수님들이 시험보기 하루 전에 벼락치기로 공부해도 A+를 받을 수 있을 정도의 시험 문제를 내실까? 고등학교 때와 다르게 대학에서는 서술형 시험 문제가 주로 출제된다. 교과서를 고스란히 외워서 객관식이나 단답형 문제에 대한 답을 적었다면 '정답'으로 점수를 얻었겠지만, 대학에서는 외운대로 고스란히 받아 적는다고 해서 만점을 받을 수 있는 건 아니다. 대학의 서술형 시험에서는 오랫동안 장기 숙성된 아이디어를 비판적 사고 과정을 거쳐 논리적으로 표현하는 게 중요하다. 이를 위해선 충분한 학습 시간이 필요하다. 교재 내용 외에 핵심 주제와 관련해서 다른 참고 자료들을 읽고 여러 논점이나 학설, 사례들을 살펴본 뒤 '내 의견'으로 정리해내는 과정이 필요한 것이다. 이렇게 공부한 내용들을 시험보기 모드로 바꿔 일목요연하게 정리하는 작업까지, 그래서 세 번은 보고 시험장에 들어가야 한다.

• 예상 문제 뽑아 모범 답안 써보기

한정된 시험 시간 안에 좀 더 효율적으로 준비하고자 한다면 예상 문제를 뽑고 모범 답안을 써보는 방법이 있다. 이는 서술형 시험 준비에 적합하다. 수업계획서를 참조하여 교수님이 무엇을 중요하게 생각하시는지, 왜 이런 참고문헌과 시청각 자료를 제시하셨는지, 이를 통해 궁극적으로 학생들이 무엇을 깨닫고 이해하기 바라는지를 전체 맥락 안에서 이해하고 수업 내용과 연관지어 예상 문제를 뽑아본다. 수업에서 교수님이 강조하셨거나, 시험 문제로 나올 것 같은 내용을 추려서 답안지 쓰는 것처럼 정리해본다. 기출문제를 활용할 경우 기존에 선배들이 정리해준 내용만 외우지 말고, 공부하면서 확보한 최신 자료나 나만의 아이디어를 종합 반영한 '자신만의 답안지'를 써보도록 하자. 실제 시험을 보면 아무리 시험 준비가 잘 되어 있어도 공부한 만큼 다 쓰기에는 시간이 부족할 수 있는데, 예상 문제에 대한 답안을 미리 작성해보면 시험시간에 어떻게 쓸지 망설이는 시간을 줄이고 미리 짜임새 있게 준비한 핵심 내용을 '빠르게' 정리하는데 도움이 된다.

예상 문제 뽑기 자체가 어렵다면 수업계획서의 주차별 수업 주제를 주목해보자. 주차별 핵심 주제 자체를 서술형 시험 문제라고 설정하고, 이에 대해 서술하라는 문제의 답안을 작성해보는 것이다. 그 주에 배웠던 주제에 대한 핵심내용 위주로 개요를 짜서 논리적으로 작성해보고, 그에 대한 본인의 생각은 어떤지 정리해보자. 만약 예상 밖의 문제가 나오더라도 걱정할 필요 없다. 그동안 정리한 내용을 바탕으로 얼마든지 응용해서 답안지를 작성할 수 있기 때문이다.

• 학습 전략 점검하기

1학기 성적이 안 좋아서 2학기에는 매우 열심히 했습니다. 그런데 1학기도 그렇고 이번 중간고사도 그렇고, 항상 제가 공부한 것에 비해 성적이 매우 낮게 나왔습니다. 친구들 보면, 항상 노는 것 같은 친구도 저보다 성적이 잘 나오고 주변 친구들도'너는 참 열심히 하는 것 같은데 성적은 안 나온다'고 말할 정도입니다. 고등학교 때도 그런 편이긴 했지만, 이 정도로 제 생각과 다르지 않았는데... 이제 기말고사도 자신이 없고, 앞으로 어떻게 해야 할지 모르겠습니다.

이런 경우는 자신의 학습 전략을 점검할 필요가 있다. 열심히 했는데도 성적이 생각만큼 좋지 않다면 본인의 공부 방식을 되돌아보고 학습 방향을 다시 잡아야 한다. 시험 전 스터디그룹을 활용해서 친구들과 함께 서로 점검해보면 좋다. 내가 정말 잘 알고 있는 부분, 애매하게 알고 있는 부분, 이해가 안 되는 부분이 어디인지를 정확히 파악해서 공부해야 한다.

• 서술형 시험, 나도 잘 보고 싶다!

대학생활이 재미있지만, 학업이 걱정됩니다. 짧은 기간 동안 대학수업을 들어봤지만, 전공기초 과목과 글쓰기 과목이 고등학교 때와는 달라 상대적으로 어렵습니다. 대부분 서술형으로 답안을 작성해야 하는 게 부담이 큽니다.

신입생들이 가장 낯설고 어려워하는 시험이 바로 서술형 시험이다. 시험 답안지를 어떻게 다 채울 것인지 막막하기도 하고, 열심히 썼다고 해도 어떻게 평가받을지 감을 잡기도 어렵기 때문이다.

일단 시험지를 받으면 문제부터 찬찬히 살펴보라. 문제의 의도를 파악하여 답에 해당하는 중심 내용 몇 가지를 정하고 시험지에 키워드 중심으로 개요를 간단하게 메모해본다. 이 개요를 짜보지 않고 급하게 무작정 생각나는 대로 쓰다간 답안 전개가 뒤죽박죽이 될 수 있다. 서론, 본론, 결론으로 나눠 작성할 경우, 서론에는 시험문제 주제와 관련하여 왜 이런 내용을 다뤄야 하는지, 어떻게 내용을 전개할 것인지에 대해 간단하게 언급한다. 본론에서는 중심 내용과 그에 대한 구체적인 설명, 논거나 사례를 제시하고, 결론에서는 시험문제에서 요구한 핵심내용을 다시 언급하며 마무리한다.

상대평가를 실시하는 대학 시험에서 내 답안지가 상대적인 경쟁력을 갖추기 위해선 본론 부분에서 비판적 사고 능력과 창의적 관점을 차별화시켜 드러내는 게 필요하다. 본론에서 논거나 사례를 들 때 참고문헌에서 봐둔 내용이라던지, 본인이 직접 찾은 관련 사례를 제시하면 교재 내용만 외워 적은 학생들의 답안지에 비해 내용이 보다 더 풍성하고 참신해진다. 서술하는 방식, 구조, 인용하는 사례, 본인 주장에 대한 논거에 따라 답안의 수준과 질이 달라진다. 따라서 평소에 신문을 꾸준히 읽으면서 시사 상식도 쌓고, 수업과 관련된 책과 논문을 읽어보며 사고 능력을 신장시켜야 한다. 수강 과목 교수님이 쓴 논문을 찾아 읽어보는 것도 좋다. 스터디그룹에서 다양한 의견을 접하고 토론하는 것도 비판적 사고 능력 향상에 도움이 된다.

• **오픈북 시험 :** 대학에서는 시험장에서 교재를 펼쳐보며 시험문제를 풀 수 있는 오픈북 시험이 있다. 시험장에서 책을 볼 수 있다고 해도 평소에 공부해두지 않으면 소용없다. 서술형 시험문제가 주로 나오기 때문이다. 시험문제를 딱 보는 순간, '아, 이 내용은 몇 장, 몇 페이지쯤 있어'라는 감이 올 정도로 내용을 훤히 파악하고 있어야 한다. 따라서 오픈북 시험도 왕도는 없다. 평소에 꾸준히 공부하면서 각양각색의 포스트잇과 인덱스로 표시해둘 수밖에.

• 시험 답안 작성, 시간분배와 속도 조절부터

서술형 답안지 작성할 때 주의할 점은 '제한된 시간 내에', '꼭 적어야 할 핵심 내용'을, '빠르게', '논리적으로' 적어내는 것이다. 많이 쓸 수 있다는 건 그만큼 공부했다는 증거이기도 하지만, 양을 채우기 위해 정보만 나열한다던지, 시험문제와 관련 없는 내용만 두서없이 적다 보면 오히려 감점을 당할 수 있다. 한정된 시험 시간을 감안해 시험문제 전체를 훑어보고

문제별로, 난이도에 따라 시간 배분을 한 뒤 답안 작성 속도를 조절한다.

시험 볼 때 유의할 점

자, 이제 시험날이 다가왔다. 신체적, 정신적으로 컨디션을 최상으로 끌어올려야 그동안의 노력이 헛되지 않는다. 며칠 밤 새우고 공부하다 정작 시험 당일에 늦잠자서 지각을 한다던지, 정신을 깨우려고 마신 몇 잔의 커피에 도리어 정신이 멍해져서 공부한 내용이 기억이 안 난다면 이런 낭패가 어디 있겠는가. 시험 당일 활발한 두뇌 활동을 할 수 있도록 시험 전 날에는 푹 자둬야 한다.

시험 준비를 많이 했는데도 정작 시험문제는 전혀 예상하지 못한 데서 나올 수도 있다. 이럴 때는 '당황하지 말고' 시험문제에 나온 용어의 정의와 의미를 다시 찬찬히 생각하고 분석하다 보면 그 의미를 어떻게 연결해서 써야 할지 방향을 잡을 수 있다. 시간에 쫓겨 답안을 충분히 작성하기 어려우면 핵심 요점이나 단어라도 적어둔다. 교수님이 알아보기 쉽게 답안 정리를 잘하는 것도 실력이다. 단락을 나누고 주제별로 소제목을 붙이던지, 번호를 붙여서 내용별로 쉽게 구분되게 쓰자. 단정한 글씨로 깔끔하게, 교수님이 정한 분량에 맞춰 두괄식으로 서술하면 교수님이 답안 내용을 빠르게 파악하는데 도움이 된다.

제 6 장

진로: 길을 찾아서

1) 나는 어떤 사람인가?

- 흥미·적성 검사
- 진로 가치관
- 진로 적성 계발 역량
- 자신에 관한 글쓰기

2) 앞으로 어떤 일을 할 것인가?

- 새로운 목표 설정
- 취업에 관한 몇 가지 오해와 진실
- 대학원에 가는 것이 좋을까요?
- 공무원 시험과 전문자격증 시험

3) 어떤 분야를 공부할 것인가?

- 전공 관련 정보 탐색
- 전공의 어려움 극복
- 복수 전공
- 교직 이수

진로 결정은 중요한 의사결정 중 하나이다. 신입생 대부분은 중·고등학교에서 이미 진로 탐색과 관련된 프로그램에 참여한 경험이 있을 것이다. 이러한 프로그램은 자신의 흥미와 적성을 찾고 미래의 직업이나 학과를 탐색하여 진로를 계획해 간다는 내용으로 구성되어 있다. 진로에 관한 고민은 빠를수록 좋다는 주장이 반영된 결과이다. 하지만 입시를 앞둔 수험생은 자신의 흥미와 적성보다는 대학입학시험의 성적과 해당 전공 분야의 전망에 따라 인기있는 분야와 관련된 학과를 결정하게 되는 것이 우리의 현실이다. 하지만 개인의 흥미, 능력, 가치관의 차이 때문에 자신의 전공과 졸업 후 직업이 반드시 일치하지 않을 수도 있다.

진로를 결정하는 것은 매우 어려운 일이라서 장기간의 탐색과 고민이 뒤따를 수밖에 없다. 학생부 종합(입학사정관) 전형 등과 같은 제도로 자신의 적성과 비전에 따라 학과를 선택하고 미래를 계획하는 학생도 있다. 그러나 학생 대다수는 자신에 관해 파악하지 못하거나 직업에 대해서 막연한 고민만 하는 경우가 많다. 고등학교 때보다 더 많은 자유가 주어지므로 대학 시절은 학생이 자신에 대한 파악과 앞으로 종사할 직업에 관해 진지하게 고민하고 탐색하는 좋은 기회가 될 수 있을 것이다. 이 장에서는 자신의 미래를 위해 무엇을 해야 하는지 생각해보고자 한다.

01 나는 어떤 사람인가?

'나는 누구인가'라는 물음에 쉽게 대답할 수 있는 사람은 흔하지 않다. 신입생들에게 "학생의 정체성이 뭐죠?"라고 물으면, "정체성이 뭐예요?"라는 반문을 듣게 된다. "자신을 가장 잘 나타내는 … 이를테면, 좋아하거나 잘하는 것 말입니다."라고 되묻는다. 그러면 "공부를 잘해요.", "약속을 잘 지켜요.", "성실한 것 같아요.", "소심하지만 책임감이 강해요." 등 다양한 대답을 들을 수 있다.

흥미·적성 검사

흥미는 어떤 것에 마음이 끌린다는 의미이다. 적성(適性)이란 어떤 일에 알맞은 성질이나 적응 능력 또는 그와 같은 소질을 의미한다[5]. 흥미가 'like'에 가까운 의미라면 적성은 'can'에 가까운 의미이다. 자신의 흥미와 적성이 일치하는 사람도

---

5) Daum, Naver 한국어 사전

있고 자신의 흥미와 적성이 일치하지 않는 사람도 있다. 자신이 좋아하는 것과 잘하는 것이 일치한다면 별다른 문제가 없다. 하지만 자신이 좋아하는 것과 잘하는 것이 일치하지 않는다면 누구나 갈등을 경험하게 된다. 재능이 없다고 생각했지만 어떤 것에 흥미를 느끼고 계속 노력해서 어느 정도 수준에 오를 수도, 타고난 재능을 뒤늦게 발견하여 그것에 점점 마음이 끌리게 될 수도 있다. 하지만 주변에서 간혹 재능이 있지만 흥미를 잃고 노력하지 않아 인생의 마지막에 용두사미와 같은 모습으로 전락하는 사람도 보게 된다. 또한, 좋아하는 분야도 다양하거나 좋아하는 정도도 다를 수 있다. 이는 잘하는 것도 마찬가지이다. 결국 어떤 것을 매우 좋아하면서 잘한다면 그 분야에서 즐겁게 일하면서 성공을 달성하는 행복한 삶이 되리라고 생각한다. 하지만 좋아하는 것과 잘하는 것이 모호하다면 어떤 일을 하더라도 동기와 열정없이 살아갈 수도 있다.

이제 막 대학생이 된 신입생은 가능성의 존재이다. 어떤 존재라고 규정하기가 어려운 다양한 가능성이 내재되어 있다. 아직 발견하지 못한 재능이나 잠재력이 숨어 있을 수 있다. 이는 내가 누구인지라는 정체성(identity)의 문제와 관련된다. 정체성은 평생 유지되는 '가장 나답다'고 할 수 있는 내 모습이다. 그러므로 내가 어떤 사람인지, 어떤 것을 좋아하고 어떤 재능이 있는지를 탐색해 보는 것은 중요한 과제이다.

많은 진로 전문가들은 자아탐색의 방법으로 성장 배경이나 경험을 통해 이루어진 흥미와 적성을 글로 작성해보거나, 진로

검사 후 상담 받아 볼 것을 권장한다.

• 주요 진로 관련 검사

진로 검사에는 Holland[6] 검사, MBTI[7] 검사, DISK[8] 검사 등이 널리 사용되고 있다. 대다수 신입생은 초·중·고등학교 때 이런 검사를 이미 한 번쯤은 접해 보았을지도 모른다. 커리어넷(Careernet)에서는 아래와 같이 대학생이나 성인에게 적합한 진로 검사를 운용하고 있다. 이 검사는 인간 내면의 특성인 흥미, 적성, 가치관, 지능 등과 같은 것을 관찰 가능한 행동 특징을 통해 측정하는 도구로써, 객관적인 관점에서 나 자신의 특성을 파악하기 위해 개발되었다. 커리어넷에서 제공하는 진로 심리 검사를 통해, 얼마나 진로에 대해 준비하고 있는지를 알아보는 진로개발준비도 검사, 이공계 전공에 적합한지를 알아보는 이공계전공 적합도 검사, 자신의 능력이 어디에 적합한지를 알아보는 주요 능력 효능감 검사 등을 받을 수 있다.

진로검사 결과, 다방면에 관심이 많고 활력이 넘쳐 어떤 길을 가야 할지 판단하기 어려운 행복한 고민에 빠지는 학생, 예·체능인처럼 타고난 재능이 뚜렷하게 나타나 흥미·적성 검사

---

6) Holland 검사는 John L. Holland의 진로발달이론에 기초하여 개발된 것으로 여러 대학교뿐 아니라 대부분 중·고등학교에서도 진로탐색을 위해 활용되고 있다. Holland 검사는 Strong 검사라고도 불리고 있다.
7) MBTI(Myers-Briggs Type Indicator)는 캐서린 브릭스(Briggs, K.)와 이사벨 마이어스(Myers, I. B.)가 개발한 성격검사이다.
8) William M. Marston은 인간의 행동을 주도형(Dominance), 사교형(Influence), 안정형(Steadiness), 신중형(Conscientiousness)의 4가지 유형으로 나누었고 약자를 따라 DISC 행동유형으로 지칭하였다.

를 굳이 받지 않아도 되었을 학생 등 다양한 부류의 학생을 만나게 된다. 그러나 많은 학생들이 어떤 성향이 높은지 판단하기 모호한 유형으로 나타나기도 한다.

커리어넷의 대학생 성인용 진로 심리 검사

http://www.career.go.kr/cnet/front/examen/inspctMain.do

• 진로 검사 해석 상담

진로 검사는 초·중·고등학교에서도 실시하고 있지만, 많은 학생이 결과에 대한 해석 상담을 받지 못하고 있다. 학생들의 관심이 부족하거나 여건이 성숙해있지 않기 때문이다. 스스로 생각하고 결정해야 하는 것이 진로이지만, 자기 생각만으로는 객관성이 모자랄 수 있으므로 전문 상담 선생님의 조언이 필요하다. 상담 선생님이 흥미·적성 검사 결과를 토대로 구체적인 조언을 해주시기 때문에 너무 어려워 말고 상담받아보길 바란다.

• 진로 검사 받을 때 유의 사항

- 흥미·적성 검사결과는 어느 정도 참고할 수 있지만, 절대적인 것은 아니므로 스스로 자신의 흥미와 적성을 찾기 위한 부단한 노력을 기울여야 한다.
- 흥미·적성은 가변적이므로 과거에 검사를 받았어도

다시 받을 필요가 있다.

- 타고난 기질이나 외부 환경과의 상호작용 속에서 형성되는 성격도 진로검사를 통해 알아 볼 수 있다.

진로 가치관

흥미·적성과 더불어 중요한 요소는 가치관이다. 가치관이란 무엇에 가치를 두는지에 대한, 대상을 보는 눈을 의미한다. 다시 말하면 무엇이 중요하다고 생각하는지의 의미이다. 살다 보면, 경제적 풍요, 자아실현, 시간적 여유, 사회적 위치나 기여 등 삶에서 무엇을 중요하게 여기는가에 따라 진로를 변경하는 사람을 만나게 된다. 우리의 삶도 예외가 아니다. 세상은 자기가 원하는 모든 것을 다 충족시키기에 그리 호락호락 하지 않기 때문에 진로를 정할 때 무엇이 중요한가를 선택하는 과정을 겪기 마련이다. 가치관이 충돌하는 갈등 상황에서는 자신에게 무엇이 중요한지 진지하게 자문해 보는 시간을 가지길 바란다. 이와 더불어 충돌하는 가치관들을 모두 어느 정도 충족시킬 대안이 무엇인지 찾는 노력도 필요하다.

진로 적성 계발 역량

현대사회는 흔히 지식정보사회라고 불린다. 디지털 혁명을 통해 급격하게 변동하는 현대사회에서 극심한 변화와 불투명한 미래에 직면하여 전공을 정해서 고등교육을 이수해야 하는 학생들의 선택도 쉽지만은 않다. 핵심역량을 인정받을 수 있는 직업 분야로의 취업 경쟁이 더욱 극심해지는 현실은 학생들의 진로 선택 폭을 더욱 위축시킬지도 모른다.

하지만 이러한 상황에서, 앞으로 학생들의 인생에 중요한 계기가 될 진로 선택에 앞서서 고려해야 될 요소들을 잠시 생각해보자. 자신의 판단과 부모님 등 주변 사람들의 기대와 희망은 분명히 중요한 고려 요인이 되어야 한다. 그런데 이 과정에서 학생 스스로가 자신의 흥미에 따라 능력을 발휘할 수 있는 직업을 고려해서 진로를 탐색해야 한다.

스스로 자신을 인재로 만들기 위해서는 특정 분야에서의 뛰어난 능력도 중요하지만 자신의 적성을 계발시키는 역량 자체를 기르는 것이 더 필요하다. 평생 동안 한 직장, 한 직업이 아니라 여러 개의 직업을 가질 가능성이 커진 미래사회에서 인재가 되기 위해서는 자신의 다양성과 창의성 계발이 소중하고 이것을 통해 자신의 적성과 직업을 매칭(matching)시킬 수 있는 능력이 요구된다. 그러기 위해서는 특정 직업에 필요한 구체적인 직능을 개발하는 것도 중요하지만 변화를 보는 안목을 갖출 필요가 있다. 인간과 사회, 자연에 대한 통찰력을 갖추기 위해서는 기초 인문·사회·자연과학에 대한 최소한의 관심과 융합의 기반을 갖추어야만 된다.

이 점에서 볼 때 최근 대학의 학과 선택에서 단기적으로 취업이 잘되는 전공에 몰리는 경향은 바람직하지 못하다. 사람들이 몰리고 남들이 다하는 일은 본질적으로 경쟁력을 갖추기 어렵다. 본인의 적성에 따라 자신의 강점을 살릴 수 있는 니치(niche)를 확보하는 것이 오랫동안 경쟁력을 보장한다.

자신에 관한 글쓰기

글쓰기는 생각하기를 싫어하는 사람에게 생각하도록 자극을 주고, 복잡한 생각을 명료하게 정리하고, 막연한 생각을 구체화하는 좋은 방법이다. 글쓰기는 막연하게 보이는 자신의 흥미와 적성을 찾기 어려워하는 사람에게도 도움이 된다.

자신에 관한 글쓰기를 위해 생각해야 할 주제는 다양하다. 지금까지와 앞으로의 나의 인생을 한 권의 책으로 쓴다면 어떤 제목을 붙일 수 있을까, 자신의 삶을 간결하고 압축된 형식의 한 문장으로 표현한다면 어떤 문장이어야 하겠는가, 내가 죽고 난 후에 내 삶은 사람들에게 어떤 식으로 표현될 수 있겠는가 등[9]의 예를 들 수 있다. 자신이 가장 잘한다고 생각하는 것에 관해 구체적으로 글로 써볼 수도 있겠다. 자신의 강점이나 약점을 써보는 것도 좋다. 이 때 자신이 하고 싶거나 잘하고 싶은 활동이 아니라, 실제로 잘하는 활동을 쓰는 것이 중요하다. 또한 자신이 무엇을 잘하는지 잘 모를 때는 나를 잘 아는 다른 사람(예를 들어 부모님이나 형제, 교수님, 친한 친구 등)에게 물어보고 작성해 볼 수도 있다. 미래는 과거의 연장선이므로 과

9) 학습향상 수기공모, 2012

거에 무엇인가를 성취했던 경험을 써 보는 것도 도움이 된다.

교양영역의 글쓰기 관련 과목 교수님 중에는 글쓰기의 주제로 흥미·적성이나 진로와 관련된 과제를 부여하시는 분도 있다. 과제 제출 후에 교수님과의 면담을 통해 글쓰기 방식 외에 자신을 돌아볼 수 있는 조언을 받을 수 있으므로 이모저모로 유익하다. 주제가 자신의 인생 문제와 관련되어 있다면 더 성실하고 진지하게 글쓰기에 임하기 바란다. 글쓰기를 통해 자신에 관해 성찰하고 막막했던 미래가 열리는 기쁨을 맛보길 바란다.

02 앞으로 어떤 일을 할 것인가?

신입생들에게 "정말 하고 싶은 게 뭐죠?"라고 물어보면 다수의 학생이 정말 하고 싶은 것이 있긴 하지만, 일단 안정된 직장을 얻어 경제적인 기반을 다진 후 그것을 하겠다는 대답을 한다. "그게 뭐죠?"라고 되물으면 세계여행, 사진, 요리, 봉사활동, 카레이서 등 다양한 소망을 듣게 된다. 신입생 다수가 일을 경제적 자립을 위한 수단으로 여기는 것 같다.

그런데 신입생 대부분이 졸업 후 무슨 일을 할지 잘 알지 못한다. 입학한 학과와 관련이 높은 직업을 선택하게 되리라는 막연한 생각만 있을 뿐이다. 지금까지 살아오면서 견문을 통해 깨달아 얻은 지식과 쌓은 경험이 부족하므로 이는 당연한 결과이다. 만일 우리의 미래를 정확히 예언할 수 있는 누군가가 우리의 천직을 정해준다면 마음이 편할지 모르겠지만, 그런 일은 우리 인생에서 일어나지 않는다. 미래의 불확실성 때문에 누구나 불안해하며 이를 줄이기 위해 애쓰고 있다.

우리는 자신에 대해서뿐만 아니라 변화하는 환경과 직업에 관해 탐색하며 우리의 진로를 결정해 나갈 수밖에 없다. 귀찮고 어려운 과정이겠지만, 이 과정에서 자신에게 적합한 분야를 찾아갈 수 있다고 기대해보자. 과거에 인기있던 직업이 역사 속으로 사라지기도 하고, 새로운 직업이 계속 등장하므로 미래의 유망 직업을 찾아보거나 없으면 만들어 갈 수도 있어야 한다.

직업은 하루아침에 결정해야 할 문제라기보다 장기간의 탐색, 경험, 고민의 과정을 거쳐 서서히 형성해나가야 하는 문제이다. 이러한 탐색을 위해 먼저 생각해야 할 점들이 있다.

새로운 목표 설정

입학 후 신입생은 방향없이 이리저리 몰려다니다 한 학기가 지나도 남는 것이 없는 허송세월을 보낼 수도 있다. 혹시 목표가 사라져 대학생활의 의미를 찾지 못하고 나태함 속에 방종에 빠지거나 우왕좌왕 방황하게 될지도 모른다.

자유는 무엇에서 벗어남을 의미하기도 하지만, '무엇을 위한 자유인가'라는 적극적인 의미도 있다. 이는 새로운 삶의 목표 설정과 관련이 많다. 적극적인 의미의 자유를 누리기 위해서는 새로운 목표 설정이 필요하다. 어떤 목표가 있을까? 예를 들어 많은 사람들과의 만남을 통한 인맥 구축, 깊이있는 학업을 통한 전문지식의 습득, 다양한 분야를 폭넓게 섭렵하여 사고의 지평을 넓히는 것, 좋은 인격을 형성해 나가는 것 등이 있을 것이다. 목표란 도달해야 할 그 무엇이다. 목표와 연관성이 있는 의미로 비전이라는 말도 있다. 비전이란 장래의 상황을 지금 시점에서 바라보는 것을 말한다. 이상적이든, 현실적이든 목표가 있을 때 장래의 어떤 지향을 바라보며 현재를 살아가는 의미를 찾을 수 있다. 목표가 있을 때 환경을 탓하지 않으며 예기치 않은 어려움이 닥쳐도 쉽게 포기하지 않게 된다.

대학생 때는 졸업 후 직업에 관한 구체적인 목표를 설정하고 준비를 하는 시기에 해당한다. 고학년이 되어 취업 준비를 해야 할 시기가 다가오면 많은 학생이 불안해하기 시작한다. 자신이 잘하고 좋아하는 분야를 목표로 취업을 준비하고 싶지만, 그 목표 자체를 설정하기가 어렵기 때문이다. 목표 설정의 중요성은 너무 잘 알고 있지만, 목표 설정이 말만큼 쉬우냐고 반문하게 된다. 세상만사가 다 그러하듯 목표 설정도 직접 보고, 듣고, 느끼고, 고민하면서 자신에게 가장 잘 맞는 분야가 무엇인지를 점점 더 구체화해나가는 과정을 거치기는 매한가지이다. 신입생은 취업 준비에 여념이 없는 졸업생도 아니므로 너무 조급하게 생각할 필요는 없다. 먼 장래에 이루어질 멋진 인생을 위한, 잘하고 좋아하는 분야의 구체적인 '목표 설정의 기간'으로 대학시절을 생각한다면 마음이 조금은 홀가분해질 것이다.

취업에 관한 몇 가지 오해와 진실

• 인기 학과를 졸업하면 취업이 보장되는가?

학생들이 인기 학과에 몰리는 이유가 무엇일까? 취업에 유리하고 돈을 많이 벌 기 때문일 것이다. 그런데 조금 더 생각해 보면 대체적으로 현재 호황을 누리는 분야가 졸업해서 활동해야 할 몇 년 후, 몇 십 년 후에도 그러할지는 미지수이다. 인기 학과만 바라보는 것보다 먼저 고려해야 할 점은 자신이 잘하고 좋아하는 분야를 찾아보는 것이다. 설령 인기가 없는 분야일지라도 그 분야에서 두각을 나타낼 수 있다면 좋은 직장을 얻을 수 있다. 전망있는 분야를 졸업했다고 해서 저절로 취업이 되지는 않는다. 취업은 누군가 대신해 줄 수 없는 나의 문제이므로 중요한 것은 '스스로 어떻게 미래를 준비하고 실력을 쌓아나가야 하느냐'는 점이다.

뜻한 바가 있어 비인기 학과에 가려는 학생이 있었다. 그런데 "그 학과는 전망이 없어.", "그 학과에는 실력 없는 사람들만 있어."라는 대학 동기들의 말을 듣고 이 학생은 갈등에 빠지게 되었다. 이 학생에게 필요한 것은 자신을 둘러싸고 있는 환경이 아니라 '자신이 정말 원하는 것이 무엇이고 이를 위해 어떻게 준비해야 하는가'였다. 중요한 점은 주변의 시선이나 환경이 아니라 자신의 내적 확신이다. 이 학생은 면담을 통해 다음과 같이 말하였다.

어떤 사람이 이 학과에 가느냐가 중요한 것이 아니라 내가 이 학과에서 잘하면 된다는 것이었습니다. 저는 그 간단한 진리를 깨닫지 못하고 1학기를 허송세월로 보내고 말았습니다. 주변에 누가 있느냐가 중요한 것이 아닙니다. 나는 지금 여기에 있고, 그들은 제 주위에 있습니다. 중요한 것은 '내가 무엇을 어떻게 하는가?'입니다.

위의 사례에서 보듯 중요한 것은 '그들'이 아니고 '나'이다. 진로는 그들의 인생문제가 아니라 나의 인생문제이다. '어떤 학과에 입학했는가?' 보다 '내가 어떻게 바라보느냐?'가 더 중요하다.

간판과 실제 역량

명문대학을 졸업하지 않으면 미래가 불투명하다는 말을 주변에서 흔하게 듣게 된다. 이 말 속에는 명문대학이라는 간판이 있어야 소위 학맥으로 맺어진 인적 네트워크의 혜택을 받을 수 있다는 의미가 내포되어 있다. 어느 정도는 일리가 있을 수 있지만, 더 중요하게 여겨야 할 점은 실제 역량이다. 역량이란 어떤 일을 해낼 수 있는 힘이다. 외형이나 간판은 허름하지만, 맛집으로 입소문이 난 음식점이 있다. 반면 멋진 간판과 외형을 자랑하지만, 음식 맛이 형편없는 음식점도 있다. 음식점의 성공 여부는 멋진 간판보다는 음식 맛에 달려있다. 이와 마찬가지로 대학에 다닐 동안 관심있는 분야에서 자신만의 맛깔나는 역량을 키워나가길 바란다.

● 스펙과 스토리

취업준비를 위해 스펙을 쌓아야 하지는 않을지 물어보는 학생이 있다. 무한 경쟁의 시대에 남들보다 뒤처지지 않기 위해서는 어느 정도 남들 이상의 수준이 필요하다는 불안감 때문이다. 스펙(spec)이란 '무엇인가 요구되는 수준'을 의미한다. 여기에는 공인영어인증 시험(TOEIC, TOEFL 등) 점수, 각종 자격증(아래 Q-Net의 자격증 정보 참조) 등이 있다. 이러한 스펙을 쌓으려면 얼마나 많은 시간과 노력이 필요하겠는가? 스펙은 자신의 능력을 보여주는 객관적 잣대 중 하나이므로 언젠가 필요할 때가 있을 것이다.

하지만, 2% 부족한 점이 있다. 문제는 스펙을 이어주는 스토리가 없다는 점이다. 인기있는 드라마에는 스토리가 있다. 이야기가 성립하기 위해서는 배경, 등장인물, 에피소드가 유기적으로 연결되어 하나의 주제를 향해 전개되어야 한다. 아무런 맥락이 없고 상관도 없는 장면이 이어진다면 누가 이 드라마를 보겠는가? 이와 마찬가지로 스펙도 어떤 연관성을 가지고 하나의 목표로 나아가야 한다. 뚜렷한 목표없이 단지 스펙 자체에만 치중한다면 주제나 스토리도 없는 드라마와 같은 인생이 되고 말 것이다. 자신이 주인공이 되는 인생이라는 무대에서 어떤 스토리를 만들어 갈 것인지 고민해보아야 한다. 이렇게 할 때 많은 시간과 노력을 기울여 쌓아가는 스펙에 의미가 부여될 수 있다.

학생부 종합(입학사정관) 전형으로 입학한 수시 학생이라면 자기소개서를 써 봤을 것이므로 앞서 설명한 내용이 무슨 뜻인지 금방 이해하리라고 생각한다. 학생부 전형 학생이든, 시험에만 매달려온 논술이나 정시 전형 학생이든, 이제 막 시작하는 백지장과도 같은 캠퍼스 라이프를 누군가에게 들려줄 만한 풍성한 자신만의 이야기들로 채우기를 기대해본다.

Q-Net의 자격증 정보

http://www.q-net.or.kr/man001.do?gSite=Q

• 다양한 경험과 진로

대학입학 후 무엇을 하면 좋으냐는 질문에 다양한 경험을 해보라는 조언을 많이 듣게 된다. 고등학교 때까지 학교공부에만 파묻혀 있었다면, 대학에서는 다양한 경험을 통해 좀 더 넓은 시야로 자신과 세상을 바라보는 안목을 개발하라는 뜻이다. 이러한 경험에는 무엇이 있을까? 1~2장에서 언급된 것처럼 아르바이트, 여행 등을 떠올릴 수 있으며, 이왕이면 다홍치마라고 이를 진로와 연계하면 좋을 것이다. 이러한 활동을 통해 '일의 현장'을 경험할 수 있다면 생각지도 못한 진주를 건져낼 수 있을 지도 모른다.

아르바이트. 관심 있는 분야에서 아르바이트 자리를 얻기가 생각만큼 쉽지 않겠지만 도전해 보길 바란다. 예를 들어 유통과 관련된 일을 하고 싶다면 마트에서 물건을 나르는 일을 하면서 유통업의 실상에 대해 어깨너머로 배울 수 있을 지도 모른다. 방송국에서 일하고 싶으면 방송국 프로그램의 청중 아르바이트 자리를 구해 방송국 마당이라도 밟아보면 좋을 것이다.

여행. 여행도 패키지 상품으로 가이드의 안내에 따라 정해진 관광지를 잠시 들려 사진만 찍기보다는 스스로 계획하는 테마 여행이 나을 것 같다. 돈이 없고 시간이 많은 대부분의 대학생은 보다 저렴하고 자유로운 배낭여행을 선호한다. 여행지 구석구석을 돌아다니며 보고 싶었던 바를 자세히 관찰할 수도, 현지인의 있는 그대로의 삶의 모습을 접할 수도 있기 때문이다. 패션에 관심이 있다면 패션으로 유명한 이탈리아 의류 상점을, 건축에 관심이 있다면 국내 100대 건축물을 찾아 인터넷 사진만으로는 결코 느낄 수 없는 감흥에 빠져보자. 돈이 없어 여행 경비를 마련하지 못한다면 기업체에서 제공하는 탐방 공모전에 도전해 보는 것도 좋다. 연구 단지 탐방, 음식 탐방 등 주제도 다양하다. 같은 여행이라도 더 알찬 내용으로 채워질 수 있다.

기타 경험. 관심 분야에서 현재 근무하는 사람(졸업한 선배, 친척 등)과의 만남도 진로 설정에 도움이 된다. 만남을 통해 그 분야에 관한 생생한 소식을 들을 수 있기 때문이다. 봉사활동이나 캠프 활동도 도움이 된다. 열악한 환경에서 도움의 손길을 기다릴 현지인들을 보며 일종의 소명의식이 싹트게 될 수도 있다. 학기 중에는 학업에 많은 시간과 노력을 들여야 하므로 주로 방학 기간을 활용해서 이런 경험을 하면 좋겠다.

관심 분야와 관련 없어 보이는 일상의 경험도 나름대로 의미가 있을 것이다. 통학하며 바라보는 출근길 사람들의 표정에서, 식당이나 매점에서 친구들과 이야기를 하며, 강의실에서 교수님의 강의를 들으며, 도서관에서 리포트를 쓰며, 상담실에서 고민을 토로하면서, 늦은 밤에도 꺼지지 않는 캠퍼스 연구실을 바라보면서…. 그 경험을 통해 무엇인가 배웠다면 이를 진로와 연관시켜 보길 바란다.

직접 경험과 간접 경험

글을 통한 배움이 지적인 면에 치중되어 있다면, 경험을 통한 배움은 지성뿐만 아니라 모든 감각을 통해 체득되기 때문에 확실하게 자신의 것으로 소화할 수 있다. 경험을 통한 배움은 오랜 시간과 에너지가 필요하지만, 살아있는 지식을 내면화할 수 있다는 장점이 있다. 그러나 직접 경험으로 충족하기에는 우리에게 주어진 시간적, 금전적 자원에 한계가 있다. 이때는 간접 경험이 유익할 듯하다.

우리는 지금까지 누군가로부터 영향을 받으며 살아왔다. 대체로 어릴 때는 부모님의 영향을, 청소년이나 청년 시절에는 선생님이나 친구의 영향을 받아 온 경우가 많다. 부정적인 말을 듣고 자란 사람은 매사 부정적인 편이고, 사랑과 긍정의 에너지를 듬뿍 받아 온 사람은 어디서나 긍정 바이러스를 퍼뜨리는 인생을 살게 된다. 대학 시절은 삶의 가치관이나 태도를 정립해 나가는 과정에 해당하는 시기이므로 많은 사람에게 신뢰와 존경을 받는 인사로부터 좋은 영향을 받으면 좋겠다. 아직 성숙하지 않는 삶의 가치관이나 태도가 바람직한 방향으로 형성되려면 이분들의 도움이 필요하기 때문이다. 책과 강연을 통해 얻은 교훈은 인생의 좋은 열매를 맺는 데 꼭 필요한 자양분이 될 것이다. 요즈음에는 TED와 같은 인터넷 동영상 사이트를 통해 유익한 강연을 쉽게 접할 수 있다. 간혹 교내에서 진행되는 강연회에 참석하면 강연 후 질의·응답 과정에서 더 많은 것을 배울 수 있게 된다.

스티브 잡스의 스탠퍼드대 졸업식 연설

https://www.youtube.com/watch?v=7aA17H-3Vig

• 도움이 되는 프로그램

대학 내에는 취업을 지원하기 위한 전문기관과 다양한 프로그램이 마련되어 있다. 주로 취업을 앞둔 고학년을 대상으로 진행되는 프로그램이지만, 신입생들이 가벼운 마음으로 둘러보는 것도 진로를 설정하는 데 도움이 된다.

진로 관련 교과목. 진로 관련 교과목이 개설되어 있기도 하다. 자신의 진로에 관해 더 체계적으로 생각하고 학점도 취득할 수 있는 장점이 있다.

현장실습 교과목. 주로 고학년이 기업체 현장실습 후 전공 학점을 취득할 수 있는 교과목이다. 일종의 단기 인턴 체험이라고 할 수 있다.

진로 특강. 진로 특강은 진로와 관련된 일반적인 내용을 설명하는 것도 있지만, 성공한 사람의 진솔한 삶의 이야기와 성공 스토리도 있다.

산업체 현장방문. 산업체 현장 견학을 통해 현장의 생생한 상황을 체험할 수 있는 좋은 프로그램이다.

취업 박람회. 대학 내에서도 정기적인 취업박람회가 열리지만, 국가기관이나 지방자치단체 등이 주관하는 취업박람회도 정기적으로 열리고 있다. 인터넷 검색을 통해 취업박람회 일정을 확인하고 발품을 팔면 취업과 관련된 추세를 알 수 있을 것이다.

취업 동아리. 관심 분야가 같은 학우끼리 동아리를 결성하여 함께 취업을 준비하면 여러모로 유익하다.

대학원에 가는 것이 좋을까요?

요즘 학사학위는 기본이고 석·박사 학위를 받아야 취업이 쉽다는 말을 들었습니다. 제가 하고 싶은 것을 모두 다 할 순 없어 보이고 아직 1학년이니까 생각할 시간이 있긴 하지만 삼수를 해서 동기들을 보면 조급해집니다.

경제적인 여건이 어려워지고 취업의 문이 좁아지면서 대학원을 취업의 중간과정이나 도피처로만 생각하는 학생도 있다. 대학 진학률이 높은 우리나라 상황에서 대학 졸업장만으로는 부족하므로 석·박사 학위가 있어야 경쟁력이 있다고 보기 때문이다. 대학원은 전문 연구 인력을 양성하는 교육 기관이다. 장래 희망이 전문연구자라면 대학원에 진학하여 학술연구의 훈련을 받는 과정을 거처야 한다. 대학원을 졸업하면 취업에 더 유리하리라는 막연한 생각만으로 대학원에 진학하는 것은 바람직하지 않다.

고등학교에는 문제 푸는 요령과 암기 위주의 공부를 해서 대학에 가면 무엇인가 모르는 것을 제대로 알게 되는 공부를 하게 될 줄 알았어요. 하지만 고등학교와 다르지 않고 새롭지도 않았어요. 대학원에 가서 무엇인가를 제대로 알고 싶어요.

대학원 진학은 대학 입학 후 보통 4년~7년이 지나서 이루어져야 하는 결정이다. 학업을 해나가면서 대학원에 진학해야 하는 구체적인 동기나 목적을 찾아보아도 늦지 않다. 하지만 대학원에 관한 기본적인 사항을 미리 알아둘 필요는 있다. 대학원 진학과 관련해 유의해야 할 사항은 아래와 같다.

- 대학원 연구 분야는 전공 공부 후 결정하라.
  대학교 1학년 때는 전공을 제대로 공부해보지 않았으므로 어떤 분야를 더 공부할지 모르는 것이 당연하다. 전공에 대해 더 깊이 공부하는 고학년 시기에 결정해도 늦지 않는다.
- 타 분야 전공생도 희망 전공 분야의 대학원 입학이 가능하다. 물론 희망 전공 분야의 대학원과 관련 높은 학부 전공자가 더 유리한 것이 사실이지만, 타 분야 전공생도 대학원 입학이 가능하다.
- 대학원에서는 연구실을 별도로 운영하는 경우가 많다.
- 대학원 연구실에서는 간혹 학부 연구생을 모집하기도 한다.
- 지도교수님을 결정해야 한다. 앞으로 연구하고 싶은 주제와 관련이 높은 분야에서 지도교수님을 결정해야 한다. 이 때 지도교수님을 찾아 직접 뵙고 문의하는 것이 좋다.
- 대학원 학비 지원이 가능한지 알아보아야 한다. 대학원의 학비는 학부보다 높은 편이다. 학비지원을 받을 수도

있고, 인건비를 받으며 연구 프로젝트를 할 수 있으므로 이에 대해서도 알아보아야 한다.

- 대학원 수업은 주로 세미나 형식이다. 대학원은 전문 연구자를 길러내는 데 초점을 두고 있으므로 강의식 수업보다는 세미나 위주로 운영된다.
- 연구 논문을 작성하고 논문 심사를 통과해야 졸업할 수 있다.
- 대학원에 가면 입대하지 않아도 되나요?
  남학생의 경우 대학원 진학 결정에서 고려해야 할 문제 중의 하나는 군복무를 어떻게 해결할지이다. 전공이 과학기술 분야라면 계속 공부를 해서 전문연구요원으로 지원하는 방법이 있다(물론, 전문연구요원에 탈락하면 늦깎이로 입대할 수도 있다).

공무원 시험과 전문자격증 시험

평생직장이 사라지고 비정규직이 확대되면서 직업의 안정성이나 전문성이 진로 설정에 중요한 판단 기준이 되고 있다. 이 때문에 공무원시험이나 전문자격증 시험에 관심있는 학생이 많아졌다. 공무원 시험은 5급 공무원을 위한 행정고시(기술고시 포함), 국립외교원 입학시험과 7급, 9급 공무원을 위한 시험으로 구성되어 있다. 또한, 변호사, 공인회계사, 변리사가 되기 위해서는 전문자격증 시험을 통과해야 한다.

• 공무원 시험

5급 공채 행정직(행정고시)과 기술직(기술고시). 5급 공채 행정직 및 기술직 공무원(사무관)을 선발하기 위한 시험이다. 선발 분야는 행정직과 기술직이 있으며 기술직은 통상 기술고시라고 한다.

7급, 9급 공무원시험. 7급과 9급 공무원은 사무·관리적인 일을 하게 된다.

공무원 시험에 관한 자세한 내용은 아래 사이버국가고시센터 사이트를 참조하라.

사이버국가고시센터

http://www.gosi.go.kr/index.jsp

국립외교원과 외교관. 외무고시 제도가 폐지되면서 국립외교원 제도로 대체되었다. 외교관이 되기 위해서는 외교관후보자 선발시험에 합격하여 국립외교원에 입학하고 1년간 정규과정을 이수한 뒤 우수한 성적을 거두면 외무공무원(외교관)으로 임용된다.

국립외교원

http://www.knda.go.kr/knda/hmpg/kor/main/HmpgMain.do

• 전문자격증 시험

로스쿨과 변호사. 변호사와 같은 법조인이 되려면 4년제 대학을 마치고 대학원 과정인 로스쿨(법학전문대학원)에 입학해서 3년간 공부하고 졸업한 후 변호사 시험에 합격해야 한다. 아울러 검사, 로클럭 같은 공직진출도 가능하고 군법무관, 정부기관, 로펌, NGO, 준법지원인 등 다양한 직종으로 진출할 수 있다.

공인회계사. 시험 응시를 위해서 요구되는 회계학, 경영학, 경제학 등의 학점취득과 공인영어성적이 필요하다. 주로 상경계열 학생이 응시하지만 다른 전공의 학생도 학점은행제도, 독학사 또는 시간제수업으로 필요한 과목의 학점 취득이 가능하다.

변리사. 지식재산권이나 특허를 등록할 때 이를 도와주는 일을 하게 된다. 기술이나 디자인 분야 등의 전문지식과 특허 관련 법률 공부가 필요하다.

• 공무원 시험과 전문자격증 시험을 준비할 때 유의 사항

– 행정고시(기술고시) 및 외교관후보자 선발시험에 합격

하기 위해서는 종합적 사고력을 측정하는 공직적격성 평가(PSAT, Public Service Aptitude Test)라는 1차 시험에 합격해야 하며, PSAT 시험은 언어논리, 자료해석, 상황판단 영역으로 구성되어 있다. PSAT 시험을 대비하기 위해서는 평소 비판적사고 능력을 배양하도록 해야 한다.

- 목표하는 시험과 관련없는 전공자도 시험에 응시자격이 있으니 이를 확인해두자. 예를 들어 행정고시 재경분야에 상경계열 전공자만 응시할 수 있거나, 국립외교원 입학에 정치외교학을 전공한 학생만 지원할 수 있는 것은 아니다. 목표하는 분야와 관련있는 전공자가 고시준비에 유리한 것은 사실이지만, 해당 전공자가 아니더라도 고시를 준비할 수 있다.
- 지나치게 오랫동안 시험공부에만 매달리는 것은 바람직하지 않다. 열심히 준비했어도 생각대로 결과가 나오지 않을 때는 다른 길을 고려해 보아야 한다. 일반적으로 고시 경험자는 3년 이내에 합격하는 것이 바람직하다고 말한다.
- 시험에 합격한 선배의 사례를 찾아보거나 진로 관련 교내 기관에서 운영하는 프로그램에 참가하는 것도 도움이 된다.
- 대학수학능력시험 대비 이상의 정보 탐색, 계획, 자기관리 노력이 필요함을 기억하라.

어떤 분야를 공부할 것인가?

전공 수업을 통해서도 진로 탐색이 가능하리라 본다. 간혹 전공 교수님이 수업 시간에 졸업 후 유망 분야를 소개하므로 진로 설정에 좋은 참고가 될 것이다. 전공내에는 세부 분야가 있으니 관심 있는 분야가 생기면 적극적으로 그 문을 두드려보길 바란다.

전공 관련 정보 찾기

대학교 1학년 때에는 대부분 교양·기초과목을 수강하므로 전공과목을 접할 기회가 적다. 전공수업도 개론 수준이나 기초적인 내용으로 진행되는 편이다. 만일 전공에 대해 더 많이 알고 싶다면 아래의 방법으로 탐색하면 도움이 될 것이다.

학과 홈페이지 방문하기. 학과 홈페이지에는 교수님, 대학원, 전공과목, 학과 행사, 취업관련 공지 사항 등의 내용이 있다. 대체로 학교 홈페이지 메뉴에 표시된 학과 이름을 클릭하여 방문할 수 있다.

전공 안내 책자 찾아보기. 전공 안내 책자에도 교과목, 졸업 후 진로, 교수님 연구실과 연락처 등이 소개되어 있다. 처음에는 이해하기 어려운 내용이 있을 수도 있지만, 전공에 대해 핵심 내용을 잘 정리해 두므로 숙독해보기를 바란다.

전공 선배에게 물어보기. 홈페이지나 안내 책자로도 이해할 수 없는 내용은 전공 선배에게 물어볼 수 있다. 전공 선배 대부분은 후배를 도와주려는 마음이 있으므로 너무 어려워하지 말고 궁금한 사항을 물어보기 바란다. 하지만 전공 선배의 조언도 주관적일 수 있으므로 정확한 사실은 학과 사무실에 문의해서 확인하는 것이 좋다.

학과 사무실에 문의하기. 학과 사무실에는 상주하는 조교나 직원 선생님이 계시므로 학과와 관련된 정확한 정보를 얻을 수 있을 것이다.

전공 교수님께 문의하기. 학과 전공에 대해 좀 더 전문적인 조언을 받고 싶을 때는 전공 교수님께 찾아가 직접 문의해보는 것이 좋다. 전공 교수님(지도 교수님, 학과장)은 연구와 교육으로 분주한 나날을 보내고 계시므로 미리 연락을 드리고 뵙도록 하라.

전공 서적 찾아보기. 교내 도서관에는 전공 관련 서적이 많으므로 전공 서적을 찾아보라. 모르면 주제 사서 선생님의 도움을 받아볼 수 있다. 책 내용을 모두 이해하기 힘들겠지만, 대략적인 윤곽을 잡을 수 있을 것이다.

전공 수업 들어보기. 원칙적으로는 수강신청이 필요하지만, 청강하는 방법도 있다.

전공의 어려움 극복

전공에서 기초가 약할 때 전공 수업을 이해할 자신감이 사라질까 우려된다. 예를 들어 외국어 전공에서는 낯선 외국어 문법, 단어, 발음 때문에 어려움을 겪을 수도, 상경계열 전공에 필요한 수학적 배경 지식이 부족할 수도 있다. 이공계열에 필수적인 물리학, 화학과 같은 과목의 기초가 약해 어려움을 겪을 수도 있다.

어떤 분야의 전문성을 익히기 위해서는 많은 시간과 노력이 필요하다. 영어가 하루아침에 늘지 않듯이, 유창한 외국어를 구사하기까지 원래 오랜 시간이 걸린다는 점을 감안하고 외국어 습득에 임하면 포기하고 싶은 마음에서 벗어날 수 있으리라 믿는다. 수학, 물리학, 화학의 전반적인 기초가 약해도 전공에 필요한 영역은 따로 정해져 있으므로 너무 걱정하지 말고 필요한 부분을 집중해서 공부하는 것도 한 방법이다.

전공이 어렵더라도 포기하지 말고 정진하기를 바란다. 그리고 선배나 전공교수님 등 주변에 신뢰할만한 사람에게 도움을 청하거나 스터디 그룹을 활용하면 좋겠다.

복수 전공

최근에 융·복합이라는 말이 많이 쓰이고 있다. 융·복합이란 학문 간 경계가 사라지는 현상을 의미한다. 복잡한 문제를 해결하기 위해서는 다각적인 시각이 필요하므로 그 중요성이 대두되고 있는 것이다. 복수전공을 하면 사물이나 문제를 여러 각도에서 종합적으로 파악하는 데 도움이 될 수 있다. 예를 들어, 기계제작은 보통 설계 단계에서부터 시작한다. 이 단계에서 기능적인 면뿐만 아니라 심미적인 측면도 고려되어야 한다. 시각디자인을 복수 전공하면 기계제작의 설계단계에 필요한 미적 요소를 강화할 수 있는 감각이 생기게 된다. 다른 예로, 최근 경제학에서 경제심리학이라는 새로운 연구 분야가 나타났는데 이는 경제학의 바탕에는 심리가 작동하고 있다는 관점에서 등장한 분야이다. 짐작건대 심리학과 경제학을 복수 전공하면 이 분야에 대해 더 깊은 이해를 할 수 있을 것이다.

복수전공과 유사한 제도로는 전과가 있다. 복수전공이 복수의 학위를 취득한다면 전과는 변경 후의 전공 학위만 취득하는 점이 다르다. 학교마다 이런 제도의 운용 여부나 방식이 다르므로 사전에 이를 확인해야 한다.

• 복수 전공이 필요할 때

– 자신이 생각한 전공의 내용과 실제 전공의 내용이 다를 때

> 어려운 문제를 풀어가는 수학에 흥미를 느껴 수학과에 입학했습니다. 그런데 대학교 수학은 고등학교 수학과 달리 증명 문제가 많아 흥미를 잃어버리고 있습니다. 수학을 잘하면 유리한 컴퓨터 공학과에 입학하는 것이 더 좋지 않았을까 후회가 듭니다.

– 다양한 분야를 공부하고 싶을 때

> 기초학문인 수학을 전공한 후에 그 전공을 어떻게 활용할지를 고민했습니다. 그래서 저의 흥미와 적성을 고려할 때 수학을 기반으로 삼는 사회 과학 전공인 경제학을 전공하게 되었습니다. 디자인은 이 전부터 원하는 전공이었기 때문에 교환학생 기간에는 디자인 과목을 전공했습니다. 디자인 과목 교수님과의 면담 후에 복수 전공이 다른 학문 영역의 사람들과 소통에 도움이 된다고 생각하게 되었습니다.

– 입학 시 전공이 자신의 흥미·적성 분야와 다를 때

> 고등학교 때부터 국문학 전공을 하려고 생각했는데, 수능 결과가 나온 뒤 성적이 아깝다고 부모님과 담임선생님의 권유로 사회계열로 입학했습니다. 그런데 국문학을 복수 전공한 뒤 국문학 석·박사까지 공부하고 싶어요. 국문학 연구에 관심이 많거든요. 그런데 정작 사회계열을 1 전공으로 선택해놓고, 국문학은 2 전공으로 바라보면서 4년 대학 공부를 하기는 너무 끔찍할 것 같아요.

자신이 원하지 않았던 학과에 입학하는 경우가 있다. 공부하고 싶었던 전공이 있었지만, 자신이 원하는 대로 이루어지지 않았기 때문에 낙담하고 반수나 재수를 생각하기도 한다. 심지어 입학하자마자 학교를 자퇴하고 입시준비를 하는 학생도 있다. 입학한 대학에 적을 두면 마음이 약해질 것 같아 배수진을 치고 입시 경쟁에 바로 뛰어들고 만다. 반수는 입학한 학교에 한 학기를 다녀보고 여름방학부터 수능공부를 시작할지, 말지를 결정하는 경우이다. 오랜 기간 입시에 시달렸기 때문에 입시가 끝나자마자 공부를 다시 시작하기가 너무 지겹다는 생각, 대학생활을 어느 정도 맛보고 결정하겠다는 생각, 이미 입시공부를 해 두었기 때문에 나중에 시작해도 늦지 않으리라는 생각이 들게 된다. 결국 자신이 원했던 학과에 대한 미련을 버릴 수 없어서 여름방학부터 수능준비를 시작하게 된다. 하지만 재수나 반수를 한다고 해서 자신이 원하는 학과에 입학한다는 보장은 없다. 이처럼 자신이 원하는 학과에 입학하지 못했을 때 복수전공을 하나의 대안으로 삼을 수 있다.

• 복수 전공 할 때 유의 사항

- 일부 학과(예: 의과대학, 사범대학 등)는 복수전공을 허용하지 않을 수도 있다.
- 학과마다 복수전공 허용 인원에 제한이 있다. 복수전공 신청자가 허용 인원보다 많다면 성적순으로 선발하기 때문에 복수전공을 하지 못할 수도 있다. 그러므로 복수전공을 위해서라도 성적을 잘 받아 두어야 한다(대학에서도 '성적'이라는 꼬리표는 그림자처럼 나를 따라다니므로 학업에 소홀해서는 안 된다).
- 예·체능 계열의 복수 전공은 포트폴리오 제출 및 인터뷰 심사가 있으므로 관심 전공에서 무엇을 요구하는지 파악해야 한다.
- 학업 양이 많아지므로 수강신청 전략을 세워야 한다. 두 분야 이상의 전공을 공부하므로 하나의 전공을 하는 학생보다 학업 양이 많아지게 된다. 하나의 전공 공부도 따라가기 벅찬데 만일 완전히 이질적인 두 분야의 전공을 공부하려면 '머리가 둘 달린' 괴물이라도 되어야 할 것 같은 생각이 들 것이다. 그러므로 수강신청을 잘해야 한다. 복수 전공할 때 수강신청 방법은 다음과 같다. 첫 번째, 졸업에 필요한 1 전공과목을 모두

수강한 후 2 전공과목을 수강하는 방법이다. 전공을 차례로 공부하는 방안이다. 마치 어떤 학과를 졸업하고 다시 입학해서 졸업하는 것과 같은 형태이다. 두 번째, 1 전공과목과 2 전공과목을 번갈아 가면서 수강하는 방법이다. 예를 들어 첫 학기는 1 전공과목을 공부하고 두 번째 학기는 2 전공과목을 수강하는 방법이다. 세 번째, 한 학기에 1 전공과목과 2 전공과목을 병행하여 수강하는 방법이다. 어떤 방식으로 수강할지는 상황에 따라 달라질 수 있으므로 이에 맞게 판단해야 한다.

- 학과 활동과 학업 사이의 균형이 필요하다. 두 분야 이상의 전공을 공부하기 때문에 학과 활동과 학업 사이에 균형감과 시간 관리가 중요해진다.

교직 이수

누군가를 가르치거나 다른 사람에게 조언하는 것을 좋아한다면 교사 지원도 고려해 볼 수 있다. 초등학교 교사가 되기 위해서는 교육대학, 중·고등학교 교사가 되고 싶으면 사범대학 입학이 요구된다. 이후 '교원 임용시험'에 합격하면 국공립 학교의 교사가 될 수 있다. 교육대학이나 사범대학에 입학하지 못했다면 학부 교직과정을 이수하거나, 교육대학원에 진학하는 방법이 있다. 교직과정은 사범대학생이 아닌 일반 학과 학생을 위한 교원 자격취득과정이다.

• 학부 교직과정을 이수할 경우 유의 사항

- 교직과정으로 승인받은 학과에서만 교직을 이수할 수 있다. 교직 이수 허용 인원도 제한적이다.
- 교직과정 이수 심사는 대체로 성적, 인성, 적성, 자질을 기준으로 선발하기 때문에 이를 고려하여 준비해야 한다.
- 교직이론 과목과 교직소양 과목 등을 모두 이수하고 교육봉사와 교육실습 등의 교직 관련 과목도 이수해야 한다.

• 교원 임용시험

교직과정 이수를 통해 교원자격증을 취득하면 사립학교에 임용될 수 있으며 국가시험인 교원 임용시험에 응시하여 합격하면 국공립 중·고등학교 교사가 될 수 있다.

한국교육과정평가원(교원 임용시험 주관) 공지 예 (변경될 수 있음)

http://www.kice.re.kr/contents.do?contentsNo=74&menuNo=287

• 교직이수에서 실패할 때: 교육대학원 입학

교직과정에 선발되지 못해도 정교사 자격증을 취득할 수

있는 방법이 있다. 대학 졸업 후 교육대학원에 입학하는 것이다. 학부에서 전공한 학과와 동일 또는 관련 학과에 진학해야 교원자격증 취득이 가능하다. 일반적으로 5학기(2년 6개월) 과정이다.

참 고 문 헌

권석만, 『인생의 2막 대학생활』, 학지사, 2010.

김미란, 『보고서 달인되기』, 성균관대학교 의사소통교육센터.

김재연, 『(헛짓 딴 짓도 커리어가 되는) 대학사용법』, 세종서적, 2014.

백미숙, 『프레젠테이션 달인되기』, 성균관대학교 의사소통교육센터.

성균관대학교, 『내 손 안의 마음 레시피』, 성균관대학교 학생상담센터, 2012

성균관대학교, 『학습향상 수기공모』, 성균관대학교 학부대학, 2012.

오세성, 박대연, 김창훈, 이송현, 『(대학에 첫발을 내딛는 새내기를 위한) 대학생활 사용 설명서』, 팬덤북스, 2013.

오정숙, 『대학 4년 똑똑하게 공부하라』, 한언, 2007.

용정순, 장암미, 『공부를 공부하다』, 성균관대학교 교육개발센터, 2014.

윤영란, "학습흥미와 동기 그리고 자발적 학습력의 교육적 수용", 교육문화연구, 2006.

이정모, 정재학, 김금미, 김미라, 『대학생활의 길잡이』, 성균관대학교 학생상담센터, 2005.

이지은, 『대학생활의 매뉴얼 A+』, 한겨레에듀, 2010.

이화여자대학교 교양국어 편찬위원회, 『우리말·글·생각』, 이화여자대학교 출판부, 2006.

이현우, 장경숙, 홍영기, 『성공적인 대학생활의 길라잡이-학습전략과 비판적 사고를 중심으로』, 한국문화사, 2001.

정재윤, 이충희, 『(신입생을 위한) 대학생활의 기술』, 위즈덤하우스, 2008.

조용개, 손연아, 이석열, 이은화, 이희원, 장상필, 『(대학생활을 위한) 학습전략 포트폴리오』, 학지사, 2010.

린 F. 제이콥스, 제러미 S. 하이먼. 서우다 옮김, 『(스펙종결자가 되는) A+ 대학생활 시크릿』, 대성, 2011.

W.R. Luckie, W. Smethurst, 한순미 역, 『학습의 기술-대학에서의 공부 전략』, 학지사, 2001.

John N. Gardner, Besty O. Barefoot, *Your College Experience*, Bedford: St. Martin's, 2012.

Sherrie Nist-Olejnik, Jodi Patrick Holschuh, *College Rules-How to study, survive and succeed in college*, 3rd Edition, Berkeley: Ten Speed Press, 2011.

저자약력

유홍준	성균관대학교 학부대학장; 사회학박사
신진규	성균멘토; 공학박사
정순현	성균멘토; 철학박사
박은영	성균멘토; 언어학박사
최선희	성균멘토; 직업학박사수료
김선호	성균멘토; 공학박사
김명숙	前 성균멘토; 언어학박사
백승수	성균관대학교 학부대학 前 행정실장; 교육학박사

대학생활의 첫 걸음

새내기 멘토링

초판1쇄 2015년 8월 13일

지은이 유홍준, 신진규, 정순현, 박은영, 최선희, 김선호, 김명숙, 백승수
발행인 윤덕우
발행처 도서출판 **그린**
주 소 서울특별시 서대문구 연희로5길 50(연희동) (우) 03716
전 화 02) 333-2574
팩 스 02) 333-2561
출판등록 제8-161호(1995. 5. 3.)
E-mail greenpress@greenpress.co.kr
Homepage http://www.greenpress.co.kr

정가 13,000원
ISBN 978-89-5727-234-3 (13370)